邪馬台国の定理

魏志倭人伝・記紀・考古学で読み解く倭国の成立過程

大場淳一

梓書院

はじめに

古代日本の成立にはあまりに謎が多い。確かに「建国記念の日」という祝日があり、伝承によれば、紀元前660年に神武天皇が奈良で即位したことになっている。紀元前660年と言えば、考古学の定説では縄文時代晩期（弥生時代初頭という説もある）であり、これを史実と信じている研究者はほぼ皆無であろう。

では史実はどうかというと、諸説がひしめき合っている状況である。

空間の位置を特定するには、縦・横・高さの3つの座標軸が必要である。いわゆる3Dである。同様に歴史的事実を特定するのにも、3つの座標軸が必要と考えた。3つの座標軸とは、「文献史学」と「考古学」であり、文献史学は「中国の文献」と「日本の文献」に分かれる。

まず1つ目の座標軸である中国の文献から取り上げたい。日本の古代史を述べるにあたって、避けることができないのが「邪馬台国」の存在である。中国の史書である三国志の中の魏書の30巻目（最終巻）に烏丸鮮卑東夷伝があり、その最後の東夷伝の更に最後の倭人条に邪馬台国が登場する。正確にいえば、「三国志魏書烏丸鮮卑東夷伝倭人条」であるが、一般的には魏志倭人伝と呼ばれているため、本書では以下「魏志倭人伝」と呼ぶこととする。日本の古代史、特に倭国の成立過程を研究するには、この魏志倭人伝が不可欠であり、第1の座標軸としたい。

しかし、この魏志倭人伝の研究だけで十分でないことは、現在に至っても邪馬台国の位置すら特定できていないことをみれば明らかである。ここで第2の座標軸として登場するのが日本の文献である「古事記と日本書紀（以下「記紀」と略す場合もある）」である。記紀は現存する日本最古の史書である。成立は魏志倭人伝より400年ほど下るものの、日本の古代を国内からの視点で描いており、魏志倭人伝とは違う角度で日本の古代を描いている。

そしてもう1つ重要なのが、第3の座標軸である考古学の成果である。近年、出雲の荒神谷及び加茂岩倉の両遺跡、九州北部の吉野ヶ里遺跡、奈良の纏向遺跡など重要な発見が相次いでいる。そして科学的分析の手法も日進月歩の感があり、古代日本のイメージがより鮮明に描けるようになってきた。

私は、前述した中国の文献、日本の文献、考古学的成果という3つの座標軸により、ほぼ現在の定説の範囲内で、邪馬台国の位置も含めて、倭国の成立過程を描けると考えている。

以下私の「仮説」を展開していきたい。

― 目次 ―

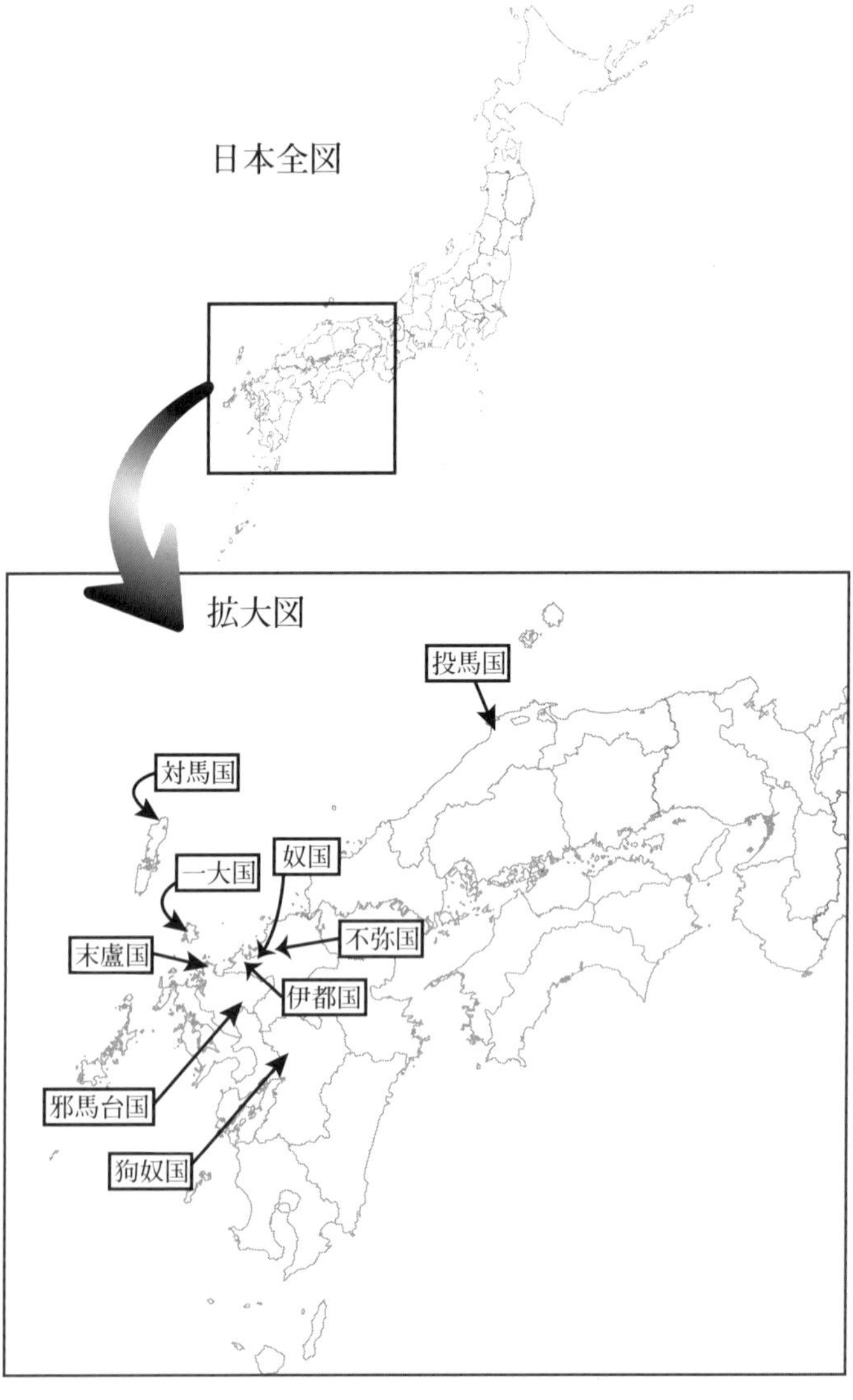
日本全図
拡大図
投馬国
対馬国
一大国
奴国
末盧国
不弥国
伊都国
邪馬台国
狗奴国

序章　これまでの研究

1　魏志倭人伝について

（1）中国の文献の重要性

日本の古代史を研究するにあたって参照する文献資料で、現存する国内最古の資料は古事記と日本書紀である。そのオリジナルの成立は八世紀初頭と伝えられている。しかし、日本（倭）の歴史はそれよりもはるかに古く、記紀だけでは不十分である。その不足分を埋めてくれるのが中国の文献資料である。

（2）魏志倭人伝以前

中国の文献資料では、一世紀に設立したと伝えられる班固の「漢書」にすでに日本（倭）が登場している。内容は、「楽浪郡（朝鮮半島北部）沖に［ある島に］倭人が住んでいる。百余国に分かれており、定期的に使者を派遣してくる。」となっている。「漢書」は紀元前一〜二世紀の前漢時代の事柄が記載されているわけであり、紀元前の日本に中国まで使者を派遣する国力を持った国家があったことになる（⑦鳥越　２００４　p41）。

続く後漢時代の事柄を記載した范曄の「後漢書」には以下のような記載がある（⑦鳥越　２００４　p46）。

「建武中元二（西暦五七）年、倭の奴国の使者が、献上品を携えて使者を派遣してきた。使者は自らを大夫と称した。奴国は倭の最南端である。光武帝は倭の奴国王に印綬と下げ紐を下賜した」（①藤

堂・竹田・影山　２０１０　p32、⑦鳥越　２００４　p59）。

「安帝の永初元（西暦一〇七）年、倭国王の帥升《すいしょう》らは奴隷一六〇人を献上して、皇帝への謁見を願ってきた」（①藤堂・竹田・影山　２０１０　p32、⑦鳥越　２００４　p61〜62）。

前者は倭の奴国王が後漢の光武帝から金印を下賜されたという有名な記述である。この奴国の位置は現在の福岡市付近とするのが通説となっており、金印も江戸時代に福岡県の志賀島で出土しており国宝に指定されている。

後者は奴国王の遣使から丁度五〇年後の遣使についての記述である。今回遣使した王については、倭国王としか書かれていない。前回は倭の中で最有力の奴国の王が遣使したものであるが、今回は倭国全体を代表する王が遣使したともとれる。もしそうであるとすれば、この時点で倭国はそれなりの統一状態にあったことになる。

後漢書には、その他にも倭についての記載が多数あり、邪馬台国という名こそ登場しないが、卑弥呼や女王国の記載はあり、魏志倭人伝の内容と重なる部分がとても多い。しかし後漢書が描いている後漢時代は、魏志倭人伝が描いている三国時代より前ではあるものの、後漢書が成立したのは五世紀であり魏志倭人伝の成立よりも後である。よって後漢書の内容は魏志倭人伝の影響を強く受けている。

（3）魏志倭人伝

後漢時代の次の三国時代の倭国を描いたのが魏志倭人伝である。冒頭で説明したとおり正確に言えば「三国志魏書烏丸鮮卑東夷伝倭人条」となるが、先述したように本書では一般的に言われているように「魏志倭人伝」と呼ぶことにする。三国志は三国の中の蜀の出身であった陳寿により、三国時代に続く西晋（AD二六五〜AD三一六）の時代に完成したというのが通説である。

内容は倭の位置と倭までの行程、倭の風俗や産物、国家体制、そして魏と倭の外交について等多岐にわたる。三国時代、魏は中国を統一はしていないものの、他の呉・蜀の二国に比べはるかに強大であり、東アジアの盟主とも言える存在であった。そして傘下の国々の情報は詳細に収集し記録していたことがうかがえる。そしてこの記録が、倭国＝日本国という民族国家の成立過程であった三世紀の状況を研究する重要な資料となるのである。

（4）邪馬台国研究史

①　邪馬台国論争

魏志倭人伝を素直に読めば、邪馬台国の位置は九州のはるか南方海上となってしまうことになる。そこで数々の研究者が様々な解釈で日本各地に邪馬台国の比定地を提案している。その中で有力な説は「畿内説（奈良説）」と「九州説（九州北部説）」である。前者は魏志倭人伝の記述の中で「南」と記述されているものは「東」の誤りであるなどとして、邪馬台国の位置を九州南方海上から九州の東方に位置する畿内（奈良）に修正している。後者は距離の単位の「里」について魏や晋の時代に一般的に使用されていた「長里」ではなく、その一／五程度の長さを表す「短里」を使用しているなどとして、邪馬台国の位置を九州南方海上から九州内に修正している。その他にも九州説論者、畿内説論者、共に様々な仮説を展開し、未だ決着をみていない。

日本の文献では、「日本書紀」に邪馬台国の記述が早々と登場する。神功皇后三九年の条に魏への遣使などについて魏志倭人伝から引用されている（⑱宇治谷　１９８８　p２０１）。明示はされていないが、卑弥呼は神功皇后であることが暗示されており、当然邪馬台国は畿内ということとなる。これが日本書紀の編者の認識であったのであろう。

② 江戸時代の研究

江戸時代には儒学者の新井白石が正徳六（一七一六）年に「古史通或問《こしつうわくもん》」を著し、魏志倭人伝に記されていた地名を、江戸時代当時に使われていた地名にあてていき、邪馬台国は畿内の大和とした。ただし白石は晩年に、それまでの見解を翻して、邪馬台国は九州筑紫の山門《やまと》とした。

一方国学者の本居宣長は、安永七年に「馭戎概言《ぎょじゅうがいげん》」を著し、魏志倭人伝の景初・正始の年代は神功皇后の時代ではあるものの、魏に遣使したのは神功皇后ではなく、熊襲などの九州の豪族が皇后の使いであると偽って女王と称し遣使したと述べた。つまり、邪馬台国は九州、卑弥呼は九州の女首長としたのである（㉕石野　２０１１　p10）。

③　明治時代の研究

明治四三（一九一〇）年に東洋史学者の白鳥庫吉《しらとりくらきち》と内藤湖南《ないとうこなん》が相次いで論文を発表した。

白鳥は邪馬台国を不弥国《ふみ》（九州北部）の南に位置しており、魏志倭人伝の「陸行一月」は「陸行一日」の誤りで、邪馬台国は今の熊本県にあたる肥後であると論じた。

一方内藤は、古代中国において東と南は同じ意味を持っており、「投馬国」を山口県の周防《すおう》に比定し、魏志倭人伝の「南、邪馬台国に至る」については周防の東に邪馬台国があると考え、大和説を唱えた（㉕石野　2011　p11）。

④　大正時代の研究

大正時代に入ると考古学者が本格的に論争に加わるようになった。

富岡謙三は大正五（一九一六）年、弥生時代の北部九州地域の王墓といわれる福岡県の遺跡から出土する銅鏡が後漢時代（AD二五〜AD二二〇）を下らないのに対し、古墳から出土する銅鏡の多くは魏・呉・蜀の三国時代及び西晋時代（二二〇〜三一六）のものに変化することに着目した。そして古墳の中心が畿内地域であることを踏まえれば、卑弥呼は大和の中心人物ということになり、畿内説をとった。

こうした考古学からの発言に対し、厳しく批判したのが東洋史学者の橋本増吉である。大正一二（一九二三）年、考古学者が重視する銅鏡の出土は偶然性が強く、列島内の移動も考慮する必要があるとし、銅鏡の分布が中国との交渉状況をそのまま表しているとするのは危険だと主張した。そして、女山神籠石《ぞやまこうごいし》の所在する筑後山門（現在の福岡県柳川市・みやま市）が邪馬台国であっても矛盾しないとした（㉕石野　2011　p12～13）。

大正九年に「日本古代文化」を著した和辻哲郎は、邪馬台国の位置を九州西北部に求め、四世紀に国家を統一する勢力が九州から来たことを述べている。記紀に剣や矛が出てくるのに、銅鐸のことが全く認められないのは、九州の勢力が近畿の勢力を征服したからであるなど、文献や伝承・考古資料を用いて九州の支配者、すなわち邪馬台国が東遷したと考えた。その後、戦後の古代史研究をリードした井上光貞は、昭和四〇（一九六五）年に、仮説の一つという前提のもと、北部九州地域の弥生文化と大和の古墳文化は連続性があるのに対し、大和の弥生文化を代表する銅鐸と古墳文化の非連続性を説いた和辻の考え方には説得力があるとして、東遷説は極めて有力な学説だと述べた。

しかし昭和に入り、昭和六（一九三一）年の満州事変以降、歴史学は自由な研究ができなくなっていき、邪馬台国問題も天皇家の起源に関わることから研究は一時中断された（㉕石野　2011　p13～16）。

⑤　戦後の研究

敗戦後画期的な解釈が昭和二二（一九四七）年、榎一雄によって示された。これまで「奴国」から「邪馬台国」まで、方位・距離共に連続的に読まれていたのを、伊都国以後については「伊都国」を起点として読むという解釈である。「伊都国」までの記述と「伊都国」からの記述方法が異なっていることに注目したもので、邪馬台国は筑紫平野にあると考えた。

一方、中世までの中国人は朝鮮半島の南に九州島があり、その南方に本州がつながっているとみており、東を南と認識していたという説もある。この説はすでに内藤湖南も指摘していたが、昭和三一（一九五六）年、室賀信夫も検討を加え、近畿説を展開した。

考古学では、昭和三六（一九六一）年、小林行雄が自身のそれまでの研究を総括した。古墳から出土する後漢鏡に鏡面が摩耗しているものが認められることから、畿内地方にも弥生時代の銅鏡（後漢鏡）は存在し、何世代もの首長によって伝えられ、鏡の伝世が終わったのは首長に新たな権威づけとなるものが出てきた為という説である（伝世鏡説）。そして、古墳から出土する三角縁神獣鏡は魏の鏡であり、卑弥呼が下賜された「銅鏡百枚」にあたるとした。

ところが、昭和三七（一九六二）年、森浩一が中国で一点も出土しない三角縁神獣鏡は日本製であり、後漢鏡の摩耗も伝世によるものとは限らないとし、弥生時代後期の大和の優位性を否定した。そして、古墳の副葬品などに認められる諸要素は北部九州地域に認められるとし、邪馬台国は九州であり、その勢力が東に移ったと考えた。

昭和四〇年代前半には、作家松本清張が膨大な研究を整理し、九州説を唱えたことから、古代史ブーム、邪馬台国ブームに火が付き、大学研究者にとどまらず、研究層は大幅に広がっていった㉕（石野　２０１１　p16〜18）。そして平成二六（二〇一四）年には、専門の研究者のみならず、在野の研究者にも広く門戸を開いた「全国邪馬台国連絡協議会」が発足し、今日に至っている。

2　古事記・日本書紀について（㊻多田　２００６　p14～25）

（1）古事記

古事記は、壬申の乱に勝利し皇位に就いた天武天皇が、七世紀後半（六八一年頃）編纂を命じた歴史書である。当時、天皇の系譜と神話や伝説を記した「帝記」「旧辞」という歴史書はあったものの、時を経るにしたがって書き加えられ、史実が失われかけていた。そこでこれらの内容の虚偽を調べ直し再編集したものが、全三巻の古事記である。

当時二八歳であった舎人の稗田阿礼に古記録を誦習させ、その口述を太安万侶が記述したと伝えられている。古事記の編纂作業はその後、朱鳥元（六八六）年の天武天皇の崩御により中断したが、和銅四（七一一）年、元明天皇によって再開された。翌和銅五（七一二）年に作業を終えた太安万侶は元明天皇に献上し、こうして、上・中・下巻からなる日本最古の歴史書が完成した。

内容は天地初発から三三代の推古天皇までの出来事が、伝記を中心に漢字の音を使った日本文で書かれていることから、国内向けに作成されたことがうかがえる。また、全三巻のうち、上巻は初代天皇である神武天皇より前の時代の神代が書かれており、その神代の多くの部分を天皇家の祖先と対立関係にあった出雲の神話が占めている。本来であれば恣意的に削除される可能性がある敵対者に関する記述が多くみられることから、私はこの古事記が後述する日本書紀に比べて当時の伝承がより正確に記録していると推測している。そしてその編纂は国家事業というより天皇家の正当性を裏打ちするための、天皇家の私的事業であったと考える。また私は日本の古代史を研究する際、出雲の存在を抜きには語れないとも考えている。

以上より本書においては記紀の記録については、第一義的に古事記を使用し、補足的に日本書紀を使用するという形となった。

（2）日本書紀

日本書紀は、日本初の正史として、六八一年に天武天皇の命によって、国家事業として編纂が始まった。そして、約四〇年後の養老四（七二〇）年、ついに全三〇巻・系図一巻に及ぶ大著が完成し、天武天皇の皇子・舎人親王によって、元正天皇に献上された。

「帝記」「旧辞」の他にも、中国や朝鮮の書物、政府・寺院の系譜などを使い、注記として別伝承も加えられている。内容は天地開闢から四一代・持統天皇までの歴史が、当時の国際語であった漢文で、中国正史の本紀と同じく年代を追って記されている。これらの古事記との違いからみて「日本書紀」は、国外に向けて国家としての日本を示すための正史として作られたと考えられている。

記録はされていないものの、日本書紀の編纂には、当時の実力者・藤原不比等が重要な役割を果したと考えられている。彼は当時、娘を天皇の正妻として天皇家との外戚関係を結んだ実力者でもあり、大宝律令の撰定をしたほどの政治家でもあった。彼の父・鎌足の記述が日本書紀にあるが、他の廷臣より大きく扱われ、忠臣としての鎌足像が強調されている。これは国史の中で藤原氏の政治的地位の高さを強調する意図が明らかで、不比等が大きな影響力をもって編纂に関与していたであろうと推測される。

古事記と日本書紀の内容の違いで目に付くのは、神武天皇前の神代の記述の割合が古事記に比べ日本書紀は少なく、特に出雲に関する記載が少ないことである。これは日本書紀の編纂は国家事業であるため、古事記より大規模かつ詳細な編纂作業が行われたものの、その内容については、古事記より時の国家権力の意思が反映されているためと考える。

3　考古学における成果について

（1）新遺跡の発見

二〇世紀末以来、日本古代史の定説を覆す新遺跡の発見が相次いでいる。ここではそのポイントとなる三地域の四遺跡について、その概要を述べたい。

①　出雲（㊼遠山　2015　p9～10、p24～25）

まず島根県出雲市の「荒神谷遺跡」である。一九八四（昭和五九）年、標高二二mの丘陵の南斜面から銅剣三五八本が出土した。次いで翌年には、銅剣出土地点から七m離れた谷奥で銅鐸六個、銅矛一六本が発見される。当時、日本全国で出土した銅剣の総数は三〇〇本余りであり、一度に三五八本という出土数は想像を絶するものであった。さらに驚異的であったのが、銅剣・銅鐸・銅矛が一カ所から揃って出土したことである。

次に島根県雲南市の「加茂岩倉遺跡」である。一九九六（平成八）年、標高一三八mの丘の斜面を重機で掘削中に偶然に銅鐸が出土した。その年から翌年にかけて発掘調査を実施し、合計三九個の銅鐸が発見された。一カ所からの出土としては過去最多である。発見現場は、前述した荒神谷遺跡から南東へ三㎞ほど離れた場所であり、約一・六㎞南には「景初三年銘三角縁神獣鏡」が出土した神原神社古墳もある。

古代出雲は、出雲神話により古代文明の存在が想像されていたものの、その実在については考古学的には物証的説得力の乏しさが指摘されていた。しかし、この両遺跡の発見により、古代出雲文明の存在を裏付けることができるものと考える。

② 北部九州（㊼遠山　2015　p66〜67）

ここで述べなくてはならないのは、佐賀県吉野ヶ里町にある「吉野ヶ里遺跡」である。一九八六（昭和六一）年から発掘調査が行われ、弥生時代の前期から後期まで、同じ丘陵上に大小の環濠集落が営まれていたことが確認された。

弥生時代後期には濠と土塁、逆茂木で守られた四〇haを超える巨大な環濠集落に発展し、内部には、内郭と呼ばれる区画が南北二カ所にあり、濠と土塁に囲われた物見櫓も備えていた。首長の居宅や祭殿など集落の中枢機能があったと考えられている。魏志倭人伝には「居処・宮室・楼観・城柵、厳かに設け（居室や宮殿、物見台、砦をいかめしく造り）」とあるが、この吉野ヶ里遺跡の風景がこの描写と一致するとする研究者も多い。

この環濠集落と並んで吉野ヶ里遺跡を特徴付けるのが二〇〇〇基を超える甕棺墓である。頭部のない人骨や腕や肩に刀傷を受けている人骨、腹部に一〇本もの矢が刺さった人骨などが出土している。「魏志倭人伝」には「倭国大乱」のことが記されているが、吉野ヶ里の周辺でも、クニ同士の争いがあったものと推測できる。

③　奈良（㊼遠山　２０１５　p68～69）

奈良県桜井市には古墳時代前期を中心とする集落遺跡である「纒向遺跡」があり、邪馬台国の有力な候補地とも言われている。遺跡の存続期間は三世紀初めから約一世紀の期間と言われている。遺構としては、導水施設や掘立柱建物、木棺墓などの他、矢板を打ち込んだ幅五ｍの水路が見つかっている。遺跡には卑弥呼の墓ともいわれる箸墓古墳の他、纒向石塚古墳、纒向勝山古墳、ホケノ山古墳などの初期古墳が含まれている。

このように遺跡の範囲が広大な地域にわたること、農工具がほとんど出土せず土木工事用の工具が多いこと、他地域から搬入された土器が全体の一五％を占め、その範囲が九州から関東、北陸まで及んでいることなど、纒向遺跡には際立った特色がある。纒向遺跡は広範囲に及ぶ地域の交流の中心地であり、日本最初の「都市」の遺跡といわれるのはそのためである。

纒向遺跡では二〇〇九（平成二一）年に大型の建物跡が見つかった。これは南北一九・二m、東西一二・四mという三世紀前半としては国内最大規模の大型建物跡で、その西側にあった建物跡二棟と東西の同一直線上に並んでいたことが分かった。

纒向遺跡では二世紀末から水路建設などの「都市建設」が始まり、各地から大勢の人が集まってきたと考えられている。これは「魏志倭人伝」に書かれた倭国乱の直後、女王・卑弥呼が共立された時期にあたると言う専門家もいる。なお、纒向遺跡最盛期の年代は三世紀前半とする説が主流ではあるが、時代はもう少し下るとする説もある。

（2）新たな分析手法

①　炭素14年代測定法（㊽安本　2012　p87～p167）

発掘された遺跡、出土した遺物を分析する際に、まず問題になるのはその年代である。年代の推定に最も一般的に使用されるのは、出土した土器を使用しての「土器編年」による年代の推定である。しかし土器編年は絶対年代についてもある程度確立しているものの、あくまで相対年代である。しかも土器が出土しない遺跡もある。そこで絶対年代測定の手法が必要となり、その代表が「炭素14年代測定法」である。この手法は決して新しいものとは言えないが、最近その問題点も指摘されているため、あえてここで述べたい。

＊　炭素14年代測定法の基本原理

まず炭素14年代測定法の基本原理から述べたい。炭素には中性子の数が違うため質量の異なる、いわゆる同位体が三つある。自然界のほとんどは中性子が陽子の数と同数の六個である「炭素12」である。その他に中性子の数が七個である「炭素13」、八個である「炭素14」がある。前者は自然界に「百分の一」存在するが、後者の割合はわずか「一兆分の一」である。

この三つの炭素のうち、炭素14だけは放射線（β線）を出して壊れていき、窒素に変わってしまう。炭素14が壊れて窒素に変わってしまう速さは一定で、約五七三〇年で元の量の半分となる。このように放射性元素の原子数が崩壊により半分に減るまでの期間を「半減期」という。

従って元の炭素14の量が分かっていて、現在の炭素14の量が分かれば、その間に経過した時間を求めることができる。しかし、すべての炭素14がこのような経過をたどれば、やがて地球上から炭素14がなくなってしまうはずである。ところが、絶えず新しい炭素14が作られ、炭素14の崩壊する速さと作られる速さは大体バランスが取れており大気中の炭素14がなくなることはない。

植物は光合成を行うために二酸化炭素を取り入れているため、大気中の炭素14は植物に固定される。動物は植物を食べる。あるいは植物を食べた動物を食べる。よって、生物が生きているときは、生物中の炭素14の量は、大気中の炭素14と同じである。生物が死ぬと新しい炭素は取り入れられなくなることにより、炭素14も取り入れられなくなり、死体中の炭素14は崩壊していくだけである。従って現在残っている炭素14の量を測れば、そこからその生物が新しい炭素を取り入れなくなった年代、つまりその生物が死んだ年代を求めることができる。

ただし、大気中の炭素14の量は一定ではない。従って、もともとあった炭素14の量が正確にわからないので、樹木の年輪の測定で得られた年代によってズレを修正する。この修正を較正（calibration）という。また、海と関係したものは、炭素14年代測定値による年代が古くでやすい。これを「海洋リザーバー効果」という。よって、炭素14年代測定法では、測定された数値をそのまま使用するのではなく、一定の修正を加えるなど、慎重な取り扱いを要する。

＊　炭素14年代測定法の問題点

国立歴史民俗博物館が二〇〇三年五月に土器付着炭化物の炭素14年代を基にして「弥生時代五百年遡上論」を新聞発表した。さらに二〇〇九年頃から「古墳時代遡上論」まで範囲を拡げ、箸墓古墳を卑弥呼の墓とするなど再び新聞発表した。その手法に関して考古学会からも批判が起こり、炭素14年代測定法による年代に対する「不信」まで呼んでしまっている。

名古屋大学の年代測定総合研究センターの中村俊夫教授は、二〇〇九年に開催された日本文化財科学会の特別講演で「クルミの殻はかなり丈夫で汚染しにくいので、年代測定が実施しやすい試料である」と述べている。また、数理考古学者の新井宏氏は、土器付着炭化物の年代が古くでる理由として、炭化物が活性炭のような性質を持ち、土壌に含まれるフミン酸やフルボ酸などの腐植酸を吸着しやすい性質を持つことを述べている。

国立歴史民俗博物館の宮田佳樹氏は「新弥生時代のはじまり　第四巻」〔雄山閣　二〇〇九〕の中の「弥生農耕のはじまりとその年代」で「遺物にみられる海洋リザーバー効果」という文章を発表している。その中に示されているデータから安本美典氏は次のことがわかるとしている。

（1）クルミは土器付着炭化物の焦げよりも、年代が数百年新しくでている。

（2）土器付着炭化物は、海洋リザーバー効果を受けているとみられるシジミ、アサリなどの貝や、スズキなどの魚よりもさらに古い年代を示している。

「土器付着物」を試料として用いた場合は、「クルミ・桃核」を試料として用いた場合に比べ、年代が古くでるという事実をデータによって最初に提示したのは、北海道埋蔵文化センター第二調査部長の西山茂氏である。氏は、海洋リザーバー効果についても検討し、そのうえで「土器付着物は『試料の妥当性』を欠くものであり、これに依拠する弥生時代の始まりが早まるという見解には同意できない」と述べている。

以上の見解などから、安本美典氏は箸墓古墳の築造年代は四世紀以降である可能性が極めて大きいとしている。このように炭素14年代測定法はその取扱い手法により年代が大きく相違してしまうため、前述したように、その取扱いには細心の注意が必要である。

なお箸墓古墳の築造年代や炭素14年代測定法の問題点の詳細については第3章で述べる。

② 鉛同位体比法による青銅器の産地測定（③新井　２００７　p26～27、p73）

＊ 鉛同位体比法による青銅器の産地測定とは

炭素14年代測定法で同位体について述べたが、鉛にも同位体が存在する。同位体は四種類存在し、それぞれ鉛二〇四、鉛二〇六、鉛二〇七、鉛二〇八である。鉛同位体の比率は、鉛鉱床のできた時期や地域によって異なるので、それを利用して鉛の原産地を推定しようとする試みが一九六〇年代の後半から始まっている。

青銅器に使用されている青銅はほぼ銅と錫の合金であるが、その他に鉛も含んでいる。その鉛の同位体比を解析すれば、その鉛の原産地が推定できる。そして、その青銅器の産地を推定するという手法である。

＊ 三角縁神獣鏡の産地

三角縁神獣鏡が中国鏡であるか国産鏡であるかについては現在も議論されている。以前は卑弥呼が魏帝から下賜された鏡であるという説が主流であり、邪馬台国畿内説の拠り所の一つであった。しかし、最近ではその説に陰りがみえ、邪馬台国畿内論者でも中国鏡ではないとする意見が多い。

新井宏氏はこの問題について、鉛同位体比法を用い、次のように結論付けている。「三角縁神獣鏡の鉛同位体比は、真の中国鏡とは全く異なり、仿製鏡や仿製三角縁神獣鏡、古墳時代の銅鏡、朝鮮半島の馬形帯鉤や筒形銅器とよく一致している。結論を急げば、三角縁神獣鏡は中国鏡ではない。」

なお、この三角縁神獣鏡の問題については、第3章で述べる。

第1章　魏志倭人伝の解釈

初めに魏志倭人伝の解釈から行いたい。なお原文及び読み下し文は「倭国伝　中国正史に描かれた日本（①藤堂・竹田・影山　２０１０）」を使用した。現代語訳についても同書のものを主に使用したが、他に「中国正史　倭人・倭国伝全釈（⑦鳥越　２００４）」、「新訂　魏志倭人伝・後漢書倭伝・宋書倭国伝・隋書倭国伝（⑧石原　１９８５）」も使用し、また自分なりの訳も使用している。解釈についての引用・参考文献はその都度記載している。

１　倭国の位置

（１）倭人在帯方東南大海之中、依山島爲國邑。舊百餘國。漢時有朝見者。今使譯所通三十國。

倭人は帯方《たいほう》〔郡《ぐん》〕の東南、大海の中に在《あ》り、山島に依りて国邑《こくゆう》を為《つく》る。旧《もと》百余国あり。漢の時に朝見する者有り。今、使訳の通ずる所三十国なり。「倭国伝　中国正史に描かれた日本」（①藤堂・竹田・影山　２０１０）

【現代語訳】

倭人は、魏の帯方郡の東南の海上に住んでいる。山がちな島に都市国家を形成している。以前は一〇〇以上の国があった。漢の時代に皇帝に謁見する者がいた。現在、使節が往来しているのは三〇国である。

【解説】

帯方郡とは、後漢末、楽浪郡の南半を分割して公孫康が設け、約一世紀存続した中国の郡名である（①藤堂・竹田・影山　２０１０　p93）。倭人は帯方郡の東南方の海にあり、山がちな島に都市国家をつくっているのであるから、倭人とは日本列島または日本列島内の特定の島に住む者を指しているとしか解釈できない。なお帯方郡の比定地については、黄海北道沙里院付近（①藤堂・竹田・影山　２０１０　p93）、京畿道・忠清北道の地（②謝　１９９０　p37）、郡治はソウル付近（⑦鳥越　２００４　p71）、黄海・京畿両道の地で郡治は帯方県（今のソウル付近）（⑧石原　１９８５　p39）等々諸説あるが、ほぼ朝鮮半島中部の黄海側（黄海北道～忠清北道）であり、どこに比定されても倭の位置に大きな影響はないと考える。

(2)従郡至倭、循海岸水行、歴韓國、乍南乍東、到其北岸狗邪韓國。七千餘里、始度一海、千餘里到對馬國。其大官曰卑狗、副曰卑奴母離。所居絶島。方可四百餘里。土地山險、多深林。道路如禽鹿徑。有千餘戸。無良田、食海物自活。乗船南北市糴。

〔帯方《たいほう》〕郡《ぐん》従《よ》り倭《わ》に至るには、海岸に循《したが》いて水行し、〔諸〕韓国を歴《へ》て乍《たちま》ち南し、乍《たちま》ち東し、其の北岸狗邪韓国《くやかんこく》に到る。〔郡より〕七千余里にして、始めて一つの海を度《わた》り、千余里にして対馬国《つしまこく》に至る。其《そ》の大官を卑狗《ひこ》と曰《い》い、副を卑奴母離《ひなもり》と曰う。〔対馬《つしま》は〕居《お》る所、絶島にして、方四百余里可《ばか》りなり。〔その〕土地は、山険しくして、深き林多く、道路は禽鹿《きんろく》の径《ほそみち》の如《ごと》し。千余戸有り。良田無く、海の物を食《くら》いて自活す。船に乗り、南北に〔ゆきて〕市糴《してき》す。「倭国伝　中国正史に描かれた日本」（①藤堂・竹田・影山　２０１０）

【現代語訳】

帯方郡から倭に到るには、海岸沿いに航行し、韓の国々を通過しながら、南に向かい、その後急に東に向きを変えて進むと、倭の北の対岸にある狗邪韓国に到着する。（帯方郡から）七千里余りである。（ここから）始めて海を渡り、千里余りで対馬国に到着する。そこの長官を卑狗といい、副官を卑奴母離という。（対馬は）離れ小島で（広さは）四百里四方である。土地は、山が険しく、深い林が多い。道は、けもの道のようである。千余戸（の人家が）ある。良い田はなく、海産物を食べて生活している。船に乗り南や北に行き、米などを調達している。

【解説】

「水行」とは「水路を行く」ことで、河川や運河・湖沼ならびに沿海・海上を行くすべての場合に使われる（②謝　１９９０　p60）。「帯方郡から（南方へ）、（朝鮮半島の西）海岸に沿って船で行き、倭の北の対岸の狗邪韓国に到着する」のである。「魏志韓伝」には「韓は帯方郡の南にあって、東西は海まで続いている。南は倭と境を接している。面積はおよそ四〇〇〇里四方である。（①藤堂・竹田・

影山　２０１０　p86）」とあり、ソウル付近を帯方郡と比定すると、その南の朝鮮半島南部が韓の地であることは明白である。また、狗邪韓国は倭の北の対岸にあるのだから、朝鮮半島南端、朝鮮海峡に面した地付近である。比定地は金海市付近（①藤堂・竹田・影山　２０１０　p93、②謝　１９９０　p37、⑦鳥越　２００４　p48、⑧石原　１９８５　p39〜40、⑨森　２０１０　p57）とする説が大勢である。また、韓が四〇〇〇里四方とすると、朝鮮半島の西海岸を四〇〇〇里南に水行し、その後、南海岸を三〇〇〇里東に水行すれば、帯方郡から狗邪韓国までの距離七〇〇〇里となり、狗邪韓国を金海市付近に比定すると矛盾はない（②謝　１９９０　p67〜68）。

遠澤葆氏は道家康之助氏の説に従い、帯方郡使船が出発したのは、京畿湾南岸の先端にある茅項里とし、狗邪韓国における到達地点は、洛東江河口東岸の多大浦としている（④遠澤　２００３　p115〜116）。そして、茅項里から多大浦までの距離が三〇四マイルであり、潮流に乗り三・五ノットで一日一二時間航行すると七・二日かかるとしており、氏が提唱する「帯方郡使船一日千里航行説」（後述（Ⅰ）参照）の裏打ちとなっている（④遠澤　２００３　p119〜120）。また、遠澤氏は狗邪韓国における停泊地及び出港地は、釜山付近と推定している（④遠澤　２００３　p93）。天候待ちで停泊する際に乗組員の食糧や飲料水の確保が必要であるため、停泊地にはその機能が必要である。釜山の影島には、古代海上交通の拠点、東三洞遺跡があり、地形も古代船の停泊に適したものであるとしている。また、後世の朝鮮通信使もここで風待ち天候待ちをしているのも理由のひとつとしている（④遠澤　２００３　p93）。そして、対馬における終点は北端の鰐浦としている。神功皇后が朝鮮出兵の際、ここから出発したと「日本書紀」に記されていることや後世の朝鮮通信使船が最初の港としてよく鰐浦を選んでいることなどによる（④遠澤　２００３　p94～95）。

鳥越憲三郎氏は、港は鰐浦の南西方向の佐護と提唱している。航海の安全を祈願して神に奉献された広矛が、鰐浦からは出土しておらず、佐護では出土地が四カ所あり、弥生時代の遺跡も多いことを理由としている（⑦鳥越　２００４　p74～75）。いずれにしても対馬の北部である。

対馬国は現在の対馬であることに異論を唱える研究者はいない。問題は距離の「一〇〇〇里」である。魏代の一里は約四三四ｍである（①藤堂・竹田・影山　２０１０）。よって一〇〇〇里は約四三四㎞となる。狗邪韓国の出発地点は釜山沖の影島、対馬の到着地点を北端の鰐浦と仮定すると（④遠澤　２００３　p93～95）、影島南端から対馬北端（鰐浦）までは直線距離で約五〇㎞であり、航路が直線でないと考えても、一〇〇㎞を超えるとは考えられない。この解釈として「帯方郡使船一日千里航行説（④遠澤　２００３）」「魏・西晋朝短里説（⑩古田　１９９１）」「百里・六十里一更説（②謝　１９９０）などがある。

（Ⅰ）帯方郡使船一日千里航行説（④遠澤　２００３）

「三国志」の時代より後世の「唐六典」に、一日の航走時間の単位として、その間に進む船の距離の記載があることに着目し、「三国志」の時代も、「唐六典」と同じように、船の速力は、一日を時間の単位として、その間に船が進む距離で示されていたと考え、帯方郡使船の一日の水程は一〇〇〇里であるとした遠澤葆氏の説である（④遠澤　２００３　p61～62）。氏は実験航海、朝鮮通信使船の記録、今日の競漕艇やカッター船等の研究をもとに、帯方郡使船の速力を三ノットと推定した（④遠澤　2003　p91）。朝鮮海峡における対馬海流の流速を一・五～二ノットとすると、朝鮮半島南端の影島南端から対馬北端の鰐浦までの所要時間は一二時間～一五時間であり、夏季であれば日の出から日没の時間帯で横断可能である（対馬における夏至の頃の日の出から日没までの時間は、約一四時間三〇分）（④遠澤　2003　p98～99）。当時夜間航行は考えにくく（④遠澤　2003　p55～56）、日の出から日没までの航行距離が一日の航行距離であり、それが一〇〇〇里という説である。また、帯方郡での み殷代の短里（一里＝七六～七七ｍ）が用いられたと仮定している（④遠澤　2003　p186～187）。

（Ⅱ）魏・西晋朝短里説（⑩古田　1991　p66～68）

魏・西晋朝は短里（一里＝七六～七七ｍ）を用いたとする説である。周代の著作「戦国策」等や西晋代（三国志と同時代）の著作「江表伝」に短里が用いられているということを発見し、周・魏・西晋は短里を用い、秦・漢は長里を用いていたと主張している。よって一〇〇〇里は七六～七七㎞となり魏志倭人伝の記述と大きな矛盾はない。

（Ⅲ）一〇〇里・六〇里一更説（②謝　1990　p73～75）

中国では古代から近世に至るまで、行程の測定に当たっては、水路・海路の場合は「更（庚）」を基準とし、それから割り出して道のりを求め、表記していた。「更（庚）」とは、一夜の五分の一を意味し、時計がまだ発明されていなかった時代には、約二時間を「一更の時刻」とし、それを単位として行程を算出し、一〇〇里ないし六〇里を一更の航程（六〇里を実際に近いとする航海者が多かった）と見なしていたという説である。

（Ⅲ）の説をとると、一〇〇〇里を航行するのに一昼夜かかることになり、対馬海峡を夜間航行していたことになり考えにくい。（Ⅱ）の短里説は説得力がある。対馬の面積を方四〇〇里としているが、短里説をとれば（対馬は方形ではないものの）妥当な面積である。もしかしたら方四〇〇里とは上島、又は、下島いずれかのことを述べているとも考えられる。それとともに、私は日中一日で航行できる距離を一〇〇〇里としたという（Ⅰ）の説を支持したい。この理由については、邪馬台国までの所要日数の記述に関する解説において後述する。

また、対馬の人々は朝鮮半島や九州との間で交易していたこともわかる。民間レベルでも朝鮮半島と九州は交流があったのである。

(3)又南渡一海。千餘里、名曰瀚海。至一大國。官亦曰卑狗、副曰卑奴母離。方可三百里。多竹木叢林。有三千許家。差有田地、耕田猶不足食。亦南北市糴。

又《また》南して一つの海を渡る。千余里なり、名づけて瀚海《かんかい》と曰《い》う。一大国《いちだいこく》に至る。官を亦《ま》た卑狗《ひこ》と曰い、副を卑奴母離《ひなもり》と曰《い》う。方三百里可《ばか》りなり。竹木の叢林《そうりん》多し。三千許《ばか》りの家有り。差《やや》田地有りて、

田を耕せども猶《な》お食《くら》うに足らず。亦《ま》た南北に市糴《してき》す。「倭国伝　中国正史に描かれた日本」（①藤堂・竹田・影山　2010）

【現代語訳】

（対馬国から）また南へ海を渡り、一〇〇〇里余り行く。（その海を）瀚海という。（やがて）壱岐国に到着する。そこの長官も卑狗といい、副官を卑奴母離という。（広さは）三〇〇里四方である。竹や木の薮や林が多い。三〇〇〇軒のほどの人家がある。（対馬国に比べ）田地はあるが、その収穫だけではなお食料が足りない。（それで、壱岐国も）また、南や北に行き、米などを調達している。

【解説】

一大国は壱岐であることに異論を唱える研究者はほとんどいない。「翰苑」所引「魏略」「梁書」「北史」には一支国とあり、大は支の誤りとするのが通説である（①藤堂・竹田・影山　2010　p94）。

対馬の出港地であるが、遠澤葆氏は対馬東海岸に位置する三浦湾内の小船越と提唱している。氏によれば、江戸時代の朝鮮通信使は、厳原から出港しているが、よく小船越に立ち寄って停泊している（④遠澤　2003　p100）。また一四二〇年に国礼使として日本にやって来た宋希環が、その著「老松堂日本行録」で「船余串（小船越）に留泊すること十日、風雨に阻まる。三月初一日、雨晴れ風便し。巳の時発航し、一岐（壱岐）に向かいて大洋に入る」との記載があり、小船越は渡航前の天候待ちをするのに適した停泊地だったと考えられる（④遠澤　2003　p100〜101）。さらに、一四七一年申叔舟が著した「海東諸国記」の「道程里数」の項に「自船越至一岐島之風本浦四十八里」（船越（小船越）から一岐島の風本浦（勝本）に至る四八里）とあり、当時、対馬から壱岐に行くのは厳原からではなく、小船越―勝本が通常のルートであったことが分かるとしている（④遠澤　2003　p101）。

これに対して鳥越憲三郎氏は、西海岸の浅茅湾が停泊地と提唱している。リアス式海岸で無数の入江があり停泊地には最良の場所であることと、前述した祭祀用広矛が対馬西海岸から多く出土していることに拠る。浅茅湾内の北岸の仁位湾には、広矛一五口が発見された黒島遺跡をはじめ、弥生時代から古墳時代にかけての最多の遺跡の密集地である。また、ここには鎌倉〜室町時代にかけて、豪族の仁位氏が島主として居住し、遠澤氏も引用した一四七一年に申叔舟が著した「海東諸国記」には仁位湾の戸数が最多であったことが記されている。鳥越氏は、弥生時代に遡ってもここが対馬国の都であった可能性は高いとしている（⑦鳥越　2004　p74〜75）。

つまり、帯方郡使船が対馬を通過する際、遠澤氏は東海岸航路を鳥越氏は西海岸航路を提唱しているのである。

また、遠澤氏によれば、対馬（小舟越）出港後、一二〜一三時間で壱岐北端の勝本に入港でき、所要時間が日中一日であるから、対馬―壱岐間の距離を千余里としたとする（④遠澤　2003　p10

7)。そして、「海東諸国記」所蔵の壱岐島の地図の勝本には、「小船越からここに至るまで四八里」と、また同じく対馬の地図の鰐浦には、「釜山よりここに至るまで四八里」と記されており、釜山―鰐浦、小船越―勝本の航路が長い間にわたって使われてきた証拠であるとしている（④遠澤 2003 p107）。

壱岐の方三〇〇里というのも、短里説をとれば妥当な面積である。壱岐は対馬（の上島又は下島）よりひと回り小さい島という認識はあったのである。昔の中国人は土地の面積を計るのに、その土地を正方形に組み合わせてからその積を求めていたという（②謝 1990 p108）。対馬上島南部の面積は二四七平方km、壱岐島の面積は一三九平方kmである。四〇〇里四方：三〇〇里四方＝一六：九≒二四七：一三九は見事なまでの一致である。

※かつては対馬南部を上島、北部を下島と呼んだが、現在は北部を上島、南部を下島と呼ぶのが一般的のようである。謝銘仁氏は、南部を上島とする旧来の呼称を用いているので、それに従った。

その他の記載事項は対馬と類似しており、対馬と壱岐は似た境遇だったことがわかる。海峡に浮かぶ飛び石のような存在であった。

(4)又渡一海、千餘里至末盧國。有四千餘戸。濱山海居。草木茂盛、行不見前人。好捕魚・鰒、水無深淺、皆沈沒取之。

又一つの海を渡り、千余里にして末盧国《まつらこく》に至る。四千余戸有り。山海に浜《ひん》して居《す》む。草木茂り盛《さか》えて、行くに前人〔のかげも〕見えず。魚・鰒《ふく》を捕えうることを好み、水は深浅と無く、皆、沈没して之《これ》を取る。「倭国伝　中国正史に描かれた日本」（①藤堂・竹田・影山　２０１０）

【現代語訳】

さらに海を渡って、千里余りで末盧国に到着する。四千戸余り（の人家が）ある。山が海にせまっているので、海岸すれすれの所に住んでいる。草や木がとても繁っており、歩いて行くと前の人が見えないほどである。魚やあわびを獲ることが上手で、海の深い浅いを気にせず、みな潜ってこれらを獲っている。

【解説】

遠澤葆氏によると、壱岐北端の勝本に到達した帯方郡使船は壱岐島の東海岸を南下し、内海湾に入り、その奥の幡鉾川（河内川）河口付近に停泊したとする。一・五㎞上流には、当時壱岐島では最も大きな集落であった「原の辻遺跡」があり、ここでの長期停泊は全く問題なかったとしている（④遠澤　２００３　p１０８）。

壱岐を出港した郡使船は南下し、佐賀県の東松浦半島突端に達したと思われる。外洋を航行するのであるから、特段の事情がない限り、最短距離を航行するのが常識であろう。末盧国の比定地には、

写真①　呼子付近（佐賀県唐津市）

「唐津市名護屋（①藤堂・竹田・影山　2010　p94）」、「着岸したのは唐津市松浦川河口付近（④遠澤　2003　p108）」、「着岸したのは唐津市呼子で都は唐津市の中心地（⑦鳥越　2004　p79・⑨森　2010　p88～89）」、「唐津市の中心地又は名護屋（⑧石原　1985　p40～41）」などがあり、東松浦半島突端又は唐津市中心部又はその両者が候補地となっている。現在でも壱岐からフェリーで東松浦半島突端にある呼子に着くと「人家が海岸に沿って一列にぎっしり並んでいる」状況であり（⑨森　2010　p89）【写真①】、末盧国は「濱山海居＝山海に浜して居む（山が海にせまっているので、海岸すれすれの所に住んでいる）」であるから、この風景は呼子付近がふさわしい。平野が広がる唐津市中心地付近とは思えない【写真②】。

写真②　佐賀県唐津市街

よって上陸地点は呼子付近であろう。そして、その光景が「草木茂盛行不見前人＝草木茂り盛えて行く前人見えず（草や木がとても繁っており、歩いて行くと前の人も見えないほどである）」であり（⑨森　2010　p89）、ここから陸行が開始されるのである。

末盧国の都は唐津市中心地という説が多い。菜畑遺跡は最古級の水田跡遺跡で有名であるし、桜馬場遺跡は末盧国王の王墓とされている。しかし、いずれも一世紀以前の遺跡であり、邪馬台国時代（三世紀）の遺跡ではない。呼子の大友遺跡の箱式石棺や配石墓は二〜四世紀とされ（佐賀県大友遺跡Ⅱ（宮本一夫編二〇〇三・三））、邪馬台国時代と一致する。私は港も都も呼子ではなかったかと考えている。以前は稲作に適した平地が最重要でありそこが中心地であったが、女王国に統属され、外交・貿易が発展し、女王国の玄関となった以上、港としての機能が最重要視されてきたと考える。呼子は位置・地形から考え、港として最適であった。

(5)東南陸行五百里、到伊都國。官曰爾支、副曰泄謨觚・柄渠觚。有千餘戸。世有王。皆統屬女王國。郡使往來常所駐。

東南に陸行すること五百里にして、伊都国《いとこく》に到る。官を爾支《ねぎ》と曰い、副を泄謨觚《えもこ》・柄渠觚《へここ》と曰う。千余戸有り。世《よよ》王有り。皆、女王国に統属す。〔帯方郡の〕郡使往来するとき、常に駐《とど》まる所なり。
「倭国伝　中国正史に描かれた日本」（①藤堂・竹田・影山　２０１０）

【現代語訳】

東南に陸路を行くと五〇〇里で伊都国に到着する。長官を爾支といい、副官を泄謨觚・柄渠觚という。千戸余り（の人家）がある。代々王が治めているが、（代々の王は）皆女王国に隷属している。帯方郡の使者が往き来するときは、いつも逗留するところである。

【解説】

伊都国を旧前原市（現在は志摩町と合併し糸島市）に比定する研究者が大勢である。この点に関して

写真③　平原遺跡１号墳（福岡県糸島市）

私も異存はない。理由は第一に国名である。糸島（糸島市や糸島半島など）は古い地名ではない。明治二九年に怡土郡と志摩郡が合併して糸島郡になった。怡土郡＝伊都国、志摩郡＝斯馬国である（⑨森　２０１０　p95～97）。森浩一氏は、魏志倭人伝時代の国邑（王都）を曽根遺跡群の平原遺跡に比定している（⑨森　２０１０　p１００）。当該遺跡の一号墓からは直径四六・五㎝の日本最大の銅鏡（内行花文鏡・日本製）が出土している。また、中国製の方格規矩鏡や夔龍鏡など出土銅鏡数も一つの墓としては日本一である【写真③】。

また、伊都国についての記載が他の都市国家についてと違う点が三点ある。

①「代々王がいる」こと

②「帯方郡の使者が駐留する」こと

③「至」ではなく「到」という文字が使用さ

れていること

まず①について、他の都市国家は「官（長官）」、「副（副官）」の記載はあるが王の記述はない。しかし、伊都国には女王国に服属しているとは言え、王が存在するのである。私はこの伊都国は、倭国大乱の前に男王が統治していた時代の都であると考える。大乱後、再統一された女王国に服属したものの、男王の王制という制度は残ったのである。そして、この倭国大乱前の男王が統治する国こそ、後漢書に登場する安帝の永初元（AD一〇七）年に後漢に朝貢した倭国である。なお、この説に関しては、倭国大乱に関しての記述で後述する。

②について、これまで述べた都市国家は帯方郡の使節が「通過」するところに対し、この伊都国は「駐留」するところである。このことから、ここに迎賓館のような施設があったことが推測される。それは倭国の旧王都であるという歴史的背景があるからではなかろうかと考える。

③について、他の都市国家については前述の「至末盧国（末盧国まで）」、後述の「至奴国（奴国まで）」のように、「まで」という意に「至」という字を使用しているが、伊都国に関しては「到」という字を使用している。現在の中日辞典を参照すると、「至」は単純に「〜まで」という前置詞である（61）松岡・樋口・白井・代田　2001　p1442）。それに対して、「到」は「到達する」という動詞であり、転じて「（到達地点）に、（到達地点）へ」という意の前置詞である（61）松岡・樋口・白井・代田　2001　p215）。

つまり、「到」は到着したという意があるのに対して、「至」は単に二地点間の距離を表すために用いているように思える。以上①〜③より、帯方郡の使節が最終的に到達したのは邪馬台国ではなく、伊都国まででではなかろうかとも推測できる。伊都国は外交の舞台であり、邪馬台国へは倭人の役人が下賜品等を届けたとも考えられるのである。なお、永留久恵氏は倭の国々の記述について、伊都国まではでは国当たり四〇文字以上であるのに対して、その後の国に関しては三〇文字未満であることを指摘し、帯方郡使は伊都国までしか見聞していないと述べている（63永留　2009　p98）。

なお、詳細は後述するが、伊都国には大率という長官に率いられた軍事・警察組織があった。このことも前述の私の仮説を補強してくれるものと考える。ただし、このような重要な都市国家であるわりには、戸数千戸は他の都市国家と比しても人口が少なすぎると感じる。これは政治に特化した都市であったからと考える。政治の中心であるアメリカのワシントンやオーストラリアのキャンベラは、ニューヨークやシドニーのような大都市ではない。

三国志よりも古いとされる魏略（翰苑の所蔵されたもの）には、伊都国に関し「千戸」ではなく「万戸」とある（62竹内　1977　p50）。よって、この「千戸」は「万戸」の誤りであると唱える研究者もいる。しかし、魏略は、帯方郡から狗邪韓国までの距離を「七千里」ではなく「七十里」と記載したり、末盧国から伊都国までの距離を「五百里」ではなく「五東里」と記載したり、明らかな誤りが多く、この説には私は懐疑的である。

末盧国を唐津市呼子付近、伊都国を糸島市平原遺跡に比定すると伊都国は末盧国の真東となる。「東南陸行」と矛盾するわけであるが、郡使一行は呼子から唐津付近まで唐津湾西岸を東南に陸行し、唐津から平原まで唐津湾東岸を東北東に陸行するのでこのように表現したのであり、矛盾はしない。なお、五〇〇里は、古田武彦氏の短里説では約三八㎞である。呼子から筑前前原までは鉄道路線の距離で四七・七㎞であり（呼子～西唐津は未成線）（⑪森口　2002）、誤差の範囲と考える。

（6）東南至奴國百里。官曰兕馬觚、副曰卑奴母離。有二萬餘戸。

東南して奴国《なこく》に至る、百里なり。官を兕馬觚《しまこ》と曰い、副を卑奴母離《ひなもり》と曰う。二万余戸あり。「倭国伝　中国正史に描かれた日本」（①藤堂・竹田・影山　2010）

【現代語訳】

（伊都国から）東南に向かって行くと奴国に到着する。（伊都国からの）距離は一〇〇里である。長官を兕馬觚といい、副官を卑奴母離という。（人家は）二万余戸ある。

【解説】

奴国を福岡市とする説も大勢であり、私も異論はない。後漢書にも登場し、一世紀に光武帝より金印を授けられた記載があり、その金印も江戸時代に福岡市志賀島で発見されている（当該金印は奴国王に下賜されたものではないという説もあるが、その点については、「卑弥呼共立」についての解説で後述する）

写真④　漢委奴国王の金印（伝，福岡県福岡市志賀島出土，福岡市立博物館蔵）

【写真④】。つまり、一世紀に後漢と交流できる国力を有しており二万戸の大国にふさわしい。森浩一氏によれば、福岡市の那珂《なか》川流域に比定している。現在も福岡市の中心地である【写真⑤】。後の大和政権はここに儺県《なのあがた》を設置し、外国との交易に利用したのが那津であり、ここに那津宮家を設置した（⑨森　２０１０　ｐ１２４～１２５）。私は森氏の説を支持する。

しかし、問題が二つある。森氏の説（伊都国の中心が平原遺跡、奴国の中心が那珂川流域）では、奴国は伊都国の真東であり、東南ではない。私は郡使一行が伊都国から奴国に向かう際は、海岸沿いでなく平原遺跡の南東にある日向《ひなた》峠を越えたと考える。これで「東南至奴國百里」に矛盾しない。

もう一つは距離である。両国の中心地の

写真⑤　那珂川（福岡県福岡市）

距離は鉄道軌道で約二〇kmである。一〇〇里は短里で一〇km足らずである。誤差の範囲ともいえるが、私は伊都国と奴国は隣接しているという意味に解釈する。一〇〇里は魏志倭人伝では距離を表す最小の単位である。百里とは実際の距離というより隣接しているという意味とも考えられる。

(7)東行至不彌國百里。官曰多模、副曰卑奴母離。有千餘家。

東に行きて不弥国《ふみこく》に至る、百里なり。官を多《た》模《ま》と曰い、副を卑奴母離《ひなもり》と曰う。千余家有り。

「倭国伝　中国正史に描かれた日本」（①藤堂・竹田・影山　２０１０）

【現代語訳】

（奴国から）東に行くと、不弥国に到着する。距離は一〇〇里である。長官を多模といい、副官を卑奴母離という。千余戸の人家がある。

【解説】

不弥国を宇美川流域（福岡県糟屋郡宇美町）とする説は多く私もそれに賛成する（①藤堂・竹田・影山　2010、⑧石原　1985、⑨森　2010）。鳥越憲三郎氏は宇美川流域では一〇〇里の距離にしては近すぎると反論するが（⑦鳥越　2004　p89）、氏の主張する遠賀川流域では逆に遠すぎる。やはり、一〇〇里は実際の距離というより隣接しているという意味にとらえるべきであろう。また、邪馬台国への道のりを伊都国までは順次式に読み取り、伊都国以降の道のりを伊都国から放射式に読み取るとする榎一雄氏が主張した説に対し、謝銘仁氏は次のように否定する。「中国文として普通に読めば、伊都国以降も順次式をとったことに疑いの余地はなく、文脈的に不自然な感じがしないのである。九州説にとっては、行程が長すぎるから放射式という妙案で、行程を縮めようとするのは面白いが、自然な読み方ではない。（②謝　1990　p90～92）」。私は伊都国まではなく、この不弥国までを順次式と考えている。

（8）南至投馬國。水行二十日。官曰彌彌、副曰彌彌那利。可五萬餘戸。

南して投馬国《つまこく》に至る。水行すること二十日なり。官を弥弥《みみ》と曰い、副を弥弥那利《みみなり》と曰う。五万余戸可り《ばかり》。「倭国伝　中国正史に描かれた日本」（①藤堂・竹田・影山　2010）

【現代語訳】

（帯方郡から）南の方に行くと、投馬国に到着する。船で二〇日かかる。長官を弥弥といい、副官を弥弥那利という。五万戸余りの人家がある。

【解説】

「水行二十日」の起点を順次式説では不弥国、放射式説では伊都国に求めるのが通説であったが、奥野正男氏は次に述べる邪馬台国までの所要日数である「水行十日陸行一月」の起点とともに、投馬国までの所要日数の起点を帯方郡にする説を提唱し（⑫奥野　2010　p466）、森浩一氏もこの説を「新しい視点として重要」と評価した（⑨森　2010　p176～177）。また森氏は、この「水行二十日」の記述と次の「水行十日陸行一月」の記述は、卑弥呼の死後、女王台与が晋への遣使の際にもたらした新しい情報を陳寿が倭人伝をまとめる際に挿入したとする説を提唱した（⑨森　2010　p137）。私も両者の説に賛同する。

ただし両者とも、「水行二十日」の起点は「帯方郡」とするものの、「南至」の起点は「不弥国」、又は「伊都国」に求めており、よって投馬国の比定地も九州島を出ない。私はこの一文が挿入されたとすれば、「南至」の起点も「帯方郡」と考える。つまり、「帯方郡より南に船で二〇日間航海すると投馬国に到着する」と解釈する。そして私は、投馬国を「出雲」に比定する。帯方郡から南に一〇日航行し九州北岸に到達（④遠澤　2003　帯方郡使船一日千里航行説）、そこから九州北岸、山陰地方沿岸を海岸沿いに東に一〇日間航行し「出雲」に到着したと考える。投馬国は戸数五万戸と邪馬台国に匹敵する大国である。弥生時代の出土遺物の質・量及び（卑弥呼を天照大神と仮定した場合の）同時代の記紀の記述から出雲以外には考えられない（詳細は第2章及び第3章で後述する）。

　また、これ程の大国が邪馬台国に統属されていたとは考え難いが、森氏の提唱するとおりこの記述が後で挿入されたとすれば、特に統属されていたと考える必要もなく、投馬国は邪馬台国と別勢力と考えることができる。

　謝銘仁氏は「水行二十日」は、休日・節日や、色々な事情によって遅れたり、鬼神への配慮などから、道を急ぐのを控えた日々などを含めた「総日数」に、修辞を加えて記されたものであり、実際に道を進めた「所要日数」のことを意味しているのではないと提唱している。そして、宋の趙汝适が撰録した「諸蕃志」上巻の記述を例にとり、所要日数であれば「水行二十日程」と書くべきであるとする（②謝　1990　p82）。次の「水行十日、陸行一月」も同様である。

　しかし、帯方郡使の来訪は一回ではない。総日数と考えれば、天候などによって日数はその都度大きく違ってしまうことになり、これでは倭国の位置関係の記録にはならない。私は、「水行二十日」は「総日数」ではなく、悪天候などによって前に進めなかった日を除いたおおよその「所要日数＝距離」と考える。

また、邪馬台国畿内説論者は、この「南して」を「東して」の記載誤りとしている。加藤真司氏は「ミスは当然予想されるものであるが、合計三回のミスが同時にあったということは、確率からいっても考えられない」と述べている（㉒加藤　1994　p71）。つまり、この箇所の（一）「南して投馬国に至る」、（二）「南して邪馬壱国に至る（後述（9））」、（三）「女王国自り以北は、其の戸数・道里、略載することを得べけれど（後述（10））」、の三箇所がすべて同じ誤りをしているとは考えにくいとしている。畿内論者は、（一）・（二）も「東を南に」、（三）は「以西を以北に」誤っていると提唱しているのである。

（9）南至邪馬壹國、女王之所都。水行十日、陸行一月。官有伊支馬。次曰彌馬升、次曰彌馬獲支、次曰奴佳鞮。可七萬餘戸。

南して邪馬壱国《やまとこく》に至る。女王の都する所なり。水行すること十日、陸行すること一月なり。官には伊支馬《いきま》有り。次は弥馬升《みまと》と曰い、次は弥馬獲支《みまわけ》と曰い、次は奴佳鞮《なかで》と曰う。七万余戸可《ばか》り。「倭国伝　中国正史に描かれた日本」（①藤堂・竹田・影山　2010）

【現代語訳】

（帯方郡から）南に行くと邪馬台国に到着する。女王の都のあるところである。船で一〇日航行し、その後、陸路を一ヵ月かかる。長官には、伊支馬がある。次の官を弥馬升といい、その次の官を弥馬獲支といい、さらに次の官を奴佳鞮という。人家は七万戸余りである。

【解説】

これも、前述の奥野正男氏の説（⑫奥野 2010 p466）をとれば、「帯方郡」より「水行十日陸行一月」となる。またこれも前述の遠澤葆氏の「帯方郡使船一日千里航行説（④遠澤 2003 p61〜62）」をとれば、「水行十日」であると一〇〇〇〇里となり、これは帯方郡と末盧国の距離に一致する。なお後述するが、帯方郡から女王国まで一二〇〇〇里という記載が出てくる。これは帯方郡から女王国の都である邪馬台国までの距離と考えるのが自然である。私は帯方郡から末盧国までの一〇〇〇〇里に水行十日を要し、末盧国から邪馬台国までの二〇〇〇里に陸行一月を要したと考える。

私は不弥国までの行程は順次式を採るので、帯方郡から不弥国までは一〇七〇〇里となり、不弥国から邪馬台国までは一三〇〇里、短里で考えると約一〇〇㎞となる。邪馬台国が不弥国の南にあると解釈すれば、間違いなく筑紫平野方面にあるが、投馬国と同様に、帯方郡からみて南方という考えなので、北部九州を中心とした広い範囲になってしまう。現在の鉄道軌道を参考とすると、福岡平野より南に一〇〇㎞進めば熊本県に入ってしまう。また、海岸沿いに東へ進めば関門海峡を越えてしまう。この位置が邪馬台国とは考えにくいので、距離には誤差があることを考慮にいれて、邪馬台国の位置を推測すると、やはり筑紫平野内のどこかと考える（博多〜佐賀は鉄道軌道で約五〇㎞）。広大な筑紫平野は、当時、倭国最大級の穀倉地帯とも推定され、女王国の都であり、七〇〇〇〇戸を有する最大の国邑である邪馬台国はこの場所であると考える。

また、孫栄健氏は「晋書」の「至魏時、有三十国通好、戸有七万」の記述から、行程日数のある、「邪馬台国」と前述の「投馬国」は別勢力の連合国家であり、邪馬台国とは魏と使役を通じる国の（最大の）一つではなく、使役を通じる三〇カ国の国家連合の総称と提唱している。よって、七万戸というのも三〇カ国の戸数の総数であり、前述した投馬国の五万戸も邪馬台国とは別の連合国家全体の総数であるとしている。これらとは別に戸数の記述こそないが、後述する狗奴国という連合国家があり、当時の倭国は三国で構成されていたとする（㊿孫　2018　p99〜101、p182〜183、p192〜194）。

私も邪馬台国一国で七〇〇〇〇戸というのは多すぎるとは感じていた。なお、歴史人口学の専門家である鬼頭宏氏によると、AD二〇〇年頃の人口は北部九州で四〇五〇〇人、南部九州で六四六〇〇人、山陰で一七七〇〇人、山陽で四八九〇〇人、四国で三〇一〇〇人とのことである（㊿鬼頭　2000　p16〜17）。孫栄健氏の説をもってしても、人口に関する記述は誇大なのであろう。

なお、魏志倭人伝では「邪馬台国」ではなく、「邪馬壱国」の記載になっている。「太平御覧」巻七八二所引「魏志」及び、「後漢書」、「梁書」、「北史」、「隋書」等は壱（壹）を台（臺）と改めており、壱は台の誤りとする説が主流である（①藤堂・竹田・影山　２０１０　p95）。

（10）自女王國以北、其戸數・道里可得略載、其餘旁國遠絶、不可得詳。

女王国自《よ》り以北は、其《そ》の戸数・道里、略《ほぼ》載することを得べけれど、其《そ》の余《ほか》の傍国は遠く絶《はな》れて、詳《つまびら》かにすることを得べからず。「倭国伝　中国正史に描かれた日本」（①藤堂・竹田・影山　２０１０）

【現代語訳】

女王の国から北にある国は、その戸数や道のりをおおよそ書くことができるが、その他の周辺の国々は、遠く離れていて、詳しく知ることができない。

【解説】

前述の「投馬国・邪馬台国の記載挿入説」を提唱する森浩一氏によれば、この文はもともと不弥国の記載の後に続くものであったとのことである（⑨森　２０１０　p１３８）。私もこれに賛同する。つまり、女王国以北の「戸数・道里」を「略載」できる国は、対馬・壱岐・末盧・奴・不弥の五国である。そして、「其余傍国」は次の二一カ国となる。邪馬台国は女王国の都であるのでいずれにも入らないが、邪馬台国と同列に記載されている投馬国はやはり女王国と別勢力の印象を受ける。

(11)次有斯馬國、次有已百支國、次有伊邪國、次有都支國、次有彌奴國、次有好古都國、次有不呼國、次有姐奴國、次有對蘇國、次有蘇奴國、次有呼邑國、次有華奴蘇奴國、次有鬼國、次有爲吾國、次有鬼奴國、次有邪馬國、次有躬臣國、次有巴利國、次有支惟國、次有烏奴國、次有奴國、此女王境界所盡。

〔されども略記すれば〕次に斯馬国《しまこく》有り、次に已百支国《いはきこく》有り、次に伊邪国《いやこく》有り、次に都支国《つきこく》あり、次に弥奴国《みなこく》有り、次に好古都国《こくつこく》有り、次に不呼国《ふここく》有り、次に姐奴国《しゃなこく》有り、次に対蘇国《とさこく》有り、次に蘇奴《さな》国《こく》有り、次に呼邑国《こおこく》有り、次に華奴蘇奴国《げなさなこく》有り、次に鬼国《きこく》有り、次に為吾国《いがこく》有り、次に鬼奴国《きぬこく》有り、次に邪馬国《やまこく》有り、次に躬臣国《くじこく》有り、次に巴利国《はりこく》有り、次に支惟国《きいこく》有り、次に烏奴国《おなこく》有り、次に奴国《なこく》有り、此《こ》れ女王の〔治むる〕境界の尽くる所なり。「倭国伝　中国正史に描かれた日本」（①藤堂・竹田・影山　2010）

【現代語訳】

しかし、ほぼ記してみると、次に斯馬国があり、次に已百支国があり、次に伊邪国があり、次に都支国があり、次に弥奴国があり、次に好古都国があり、次に不呼国があり、次に姐奴国があり、次に対蘇国があり、次に蘇奴国があり、次に呼邑国があり、次に華奴蘇奴国があり、次に鬼国があり、次に為吾国があり、次に鬼奴国があり、次に邪馬国があり、次に躬臣国があり、次に巴利国があり、次に支惟国があり、次に烏奴国があり、次に奴国がある。これで女王の支配する領域が終わるのである。

【解説】

森浩一氏は、この二一の旁国の多くが筑紫平野に点在すると提唱しており、私もこれに賛同する（⑨森　2010　p138）。斯馬国のように、ほぼ比定できる国もあるが、すべて実在の国であったか疑問であり、旁国のそれぞれの比定は行わない。

(12)其南有狗奴國。男子爲王、其官有狗古智卑狗、不屬女王。

其《そ》の南には狗奴国《くなこく》有り。男子を王と為《な》す。其の官には狗古智卑狗《くこちひこ》有り、女王に属せず。「倭国伝　中国正史に描かれた日本」（①藤堂・竹田・影山　2010）

【現代語訳】

（女王国の）南には狗奴国がある。男を王としている。その長官には狗古智卑狗がおり、女王には従属していない。

【解説】

筑紫平野を拠点とする邪馬台国の南に狗奴国があるので、拠点は熊本平野とするのが妥当であろう。そして、「狗奴国」は「熊襲」或いは、「球磨」とする説もある（①藤堂・竹田・影山　２０１０　p96）。熊本平野も筑紫平野と並ぶ穀倉地帯であったであろうと推測される。その長官（宰相・将軍）が狗古智卑狗である。狗古智卑狗は「菊池彦」であるとする研究者は多く、私も賛同する。

熊本県北部には菊池平野があり、その平野には菊池川が流れ、有明海に注いでいる。狗奴国は熊本平野を拠点とし、その将軍である菊池彦が熊本平野の北に位置する菊池平野に拠点を置き、北の守りにあたっていたと推測すると、何の矛盾もない。なお、菊池川右岸には弥生時代後期から古墳時代前期に栄え、当時この地域の拠点集落と考えられる「方保田《かとうだ》東原《ひがしばる》遺跡」があり、巴型銅器を含む熊本県内屈指の量の青銅器を出土している（66糸島市立伊都国歴史博物館　２０１４　p13～14）。「倭国の外交」の節で後述するが、当時、邪馬台国と狗奴国は緊張状態にあったのである。

なお、飯田眞理氏は季刊邪馬台国第一三一号にて、季刊考古学・別冊一八の次の内容を引用しているので参考としたい。全国邪馬連事務局長の菊池秀夫氏によれば、「菊」の字は古い時代には「鞠」と記して〈クク〉と発音されていて、平安時代に菊池となったときでも〈ククチ〉とよばれていたとのことです。つまり「狗古智《くこち》」は、「鞠地＝ククチ」を経て「菊池＝キクチ」になったということなのです。また狗奴國の「クナ」も訛って熊本や球磨川として残っています。佐古和枝氏も次のように述べています。「大量の鉄器の保有量からみて、弥生後期の九州北部に対抗できる勢力があるとしたら、列島内ではこの地域（熊本）よりほかにないだろう（㊿梓書院　2016　p77）。」

(13)自郡至女王國萬二千餘里。

〔帯方〕郡より女王国に至るまで〔一〕万二千余里。「倭国伝　中国正史に描かれた日本」（①藤堂・竹田・影山　2010）

【現代語訳】

帯方郡から女王国に至る距離は一万二千里余りである。

【解説】

帯方郡から女王国までが一二〇〇〇里で、帯方郡から不弥国までが一〇七〇〇里であるから、不弥国から女王国は一三〇〇里、短里で約一〇〇kmである。これを私は女王国の都、邪馬台国までの距離と考え、邪馬台国の位置を筑紫平野と比定すると、どこに比定しても一〇〇kmには満たず、これは誤差の範囲と前述した（福岡市〜佐賀市は鉄道軌道で約五〇km）。

しかし、早稲田大学の古代史学者であった水野祐氏（故人）は「評釈魏志倭人伝」で「至女王国」はそれ以前の文脈から元は「至女王国界」であっただろうと述べている（⑨森　2010　p140）。

つまり、「不弥国から女王国と狗奴国の国境まで」という意味であるとする。前述した菊池彦が北の守りを固めている菊池平野が国境地帯と推定すると、福岡平野～菊池平野（≒博多～玉名（鉄道軌道））は約九〇kmであり、短里の一三〇〇里に近い距離となる。

2　倭国の風俗・産物

（1）男子無大小皆黥面文身。辞古以來、其使詣中國、皆自稱大夫。夏后少康之子封於會稽、斷髪文身以避蛟龍之害。今倭水人好沈沒捕魚蛤、文身亦以厭大魚水禽、後稍以爲飾。諸國文身各異、或左或右、或大或小、尊卑有差。

男子は大小と無く、皆、黥面文身《げいめんぶんしん》す。古《いにしえ》自《よ》り以来、其《そ》の使いの中国に詣《いた》るときは、皆、自ら大夫と称す。夏后《かこう》少康《しょうこう》の子、会稽《かいけい》に封ぜられ、断髪文身して以って蛟竜《こうりゅう》の害を避く。今倭の水人好んで沈没して魚蛤《ぎょこう》を捕らえ、文身するも亦《ま》た以って大魚水禽《すいきん》を厭《おさ》えんとしてなり。後《のち》、稍《ようや》く〔入れ墨を〕以《も》って飾りと為《な》す〔にいたれり〕。諸国の文身〔のさま〕は各《おのおの》異なり、或《ある》いは左に、或《ある》いは右に、或《ある》いは大きく、或《ある》いは小さく、尊卑の差有り。「倭国伝　中国正史に描かれた日本」（①藤堂・竹田・影山　2010）

【現代語訳】

男たちは、大人も子供もみな、顔や体に模様の入れ墨をしている。昔から使節が中国に使いをするときには、みな自分のことを大夫という。夏王朝の少康の子は、会稽の王にされると、髪を短くし体に入れ墨をして、それで大へびの害から身を守った。現在、倭の漁師たちが、水にもぐって魚貝を獲っており、入れ墨で（少康の子と）同じように、大魚や水鳥を威圧しようというのであるが、後にだんだん、入れ墨を装飾とするようになった。倭の諸国で入れ墨は違っていて、ある者は左に、ある者は右に、ある者は大きく、ある者は小さくというように、身分の尊卑によって差がある。

【解説】

鳥越憲三郎氏によると、黥面（顔面に施す入れ墨）は近年まで琉球・台湾に残っていたが、今では中国雲南省の奥地の独竜族にしかみられないとのことである（⑦鳥越　２００４　p52）。そして、文身（身体に施す入れ墨）のルーツを夏后少康の子が会稽（浙江省紹興県）の王に封ぜられた時の伝説に求めている。この黥面・文身の文化はおそらく南方から伝わったものであろう。次に述べるように、倭と海外の交流は朝鮮半島経由だけでなく、南方とも古くから直接、又は、琉球を介してあったと推測される。

（2）計其道里、當在會稽・東冶之東。

其《そ》の道里を計るに、当《まさ》に会稽《かいけい》・東冶《とうや》の東に在るべし。「倭国伝　中国正史に描かれた日本」（①藤堂・竹田・影山　２０１０）

【現代語訳】

倭への道のりを計算してみると、ちょうど会稽・東冶の東にあたる。

【解説】

会稽は現在の浙江省紹興県、東冶は現在の福建省福州市である。この記載を見る限り、倭の位置は浙江省、福建省の東方海上と認識されていたのである。実際の位置よりかなり南に位置すると考えられていたのである。鳥越憲三郎氏は、日本列島が海南島近くまで南北に連なっていたとみていたとし、帯方郡使の行程について南を東に読み替える論拠とし、邪馬台国畿内説を唱えている（⑦鳥越　２００４　p49～50）。

しかし、たとえ中国でそのような誤った認識をしていたとしても、実際倭国に来た帯方郡使が九州北部から畿内まで東に数百km旅をしたとすれば、ずっと南に向かっていると考えていたとは到底考えられない（なお伊都国についての解説で前述したように、郡使は伊都国までしか行っていないという説もある）。

また謝銘仁氏は、このような認識を中国人が持っていたのは、倭と中国との交流が朝鮮半島経由ばかりでなく、季節風を利用し揚子江河口等と直接交流があったからであると述べている（②謝　1990　p152）。この意見には私も賛成である、倭は魏ばかりでなく呉とも交流があったと私は考えている。

(3)其風俗不淫。男子皆露紒、以木緜招頭。其衣横幅、但結束相連略無縫。婦人被髪屈紒、作衣如單被、穿其中央、貫頭衣之。

其の風俗は淫《みだ》らならず。男子は皆露紒《ろけい》し、木緜《もめん》を以って招頭《しょうとう》し、其の衣は横幅《おうふく》〔のまま〕にして、但《た》だ結束して相《あい》連ね、略《おおむ》ね縫うこと無し。婦人は被髪屈紒《ひはつくつけい》し、衣を作ること単被《たんぴ》の如くし、其の中央を穿《うが》ちて、頭を貫きて之を衣《き》る。「倭国伝　中国正史に描かれた日本」（①藤堂・竹田・影山　2010）

【現代語訳】

倭人の風俗は淫らではない。男たちは皆かぶり物はせず、木綿ではちまきをしている。衣服は横幅が広い布を（体に巻き）紐で結んでつなげるだけで、ほとんど縫うことはない。女たちは自然に伸ばした髪を曲げて結び、衣服は単衣の掛布団のように作り、真ん中に穴をあけて、そこに頭を通して着ている。

【解説】

「作衣如單被、穿其中央、貫頭衣之」とは、いわゆる「貫頭衣」である。原文からは一枚の布に穴をあけ、そこに頭を通して着用するように読める。しかし、鳥越憲三郎氏は二枚の布を頭と腕の部分だけを残して縫い合わせたものとしている（⑦鳥越　２００４　p52）。また、氏は現在でも貫頭衣を着用しているのは、中国雲南省のワ族、タイ、ミャンマーのワ族の一派であるラワ族のほかカレン族がいるとしている（⑦鳥越　２００４　p52）。前述の「黥面・文身」の風習とともに、この「貫頭衣」も南方の文化の影響を強く受けている。

(4)種禾稲・紵麻・蠶桑・緝績、出細紵・縑緜。其地無牛・馬・虎・豹・羊・鵲。

禾稲《かとう》・紵麻《ちょま》を種《う》え、蚕桑《さんそう》・緝績《しゅうせき》し、細紵《さいちょ》・縑緜《けんめん》を出だす。其の地には牛・馬・虎・豹《ひょう》・羊・鵲《じゃく》無し。「倭国伝　中国正史に描かれた日本」（①藤堂・竹田・影山　２０１０）

【現代語訳】

稲・からむしを栽培し、桑を植え蚕を飼い、絹糸を紡ぎ、目の細かい麻布や絹織物を作っている。

その土地には、牛・馬・虎・豹・羊・かささぎはいない。

【解説】

ここでは二つの注目すべき記述がある。

第一に、女王国では既に養蚕を行っていたということである。布目順郎氏は、弥生時代後期の絹を出土した遺跡、もしくは、古墳はすべて九州北部にあることに着目し、現時点での絹を出土した遺跡の分布を見る限り、邪馬台国は九州にあった公算が大きいとしている（詳細は第3章で後述）（⑥布目　1999　p110）。

第二に、女王国には馬がいなかったということである。邪馬台国畿内説論者に邪馬台国＝纏向遺跡、箸墓古墳＝卑弥呼の墓と主張する方は多い。しかし、安本美典氏は箸墓古墳の周壕から布留Ⅰ式の土器とともに輪鐙（馬具）が出土したことに注目する。箸墓の築造開始時期は布留0式の時代で、布留Ⅰ式の時代との年代差は二〇～三〇年とするのが通説である。ここで箸墓＝卑弥呼の墓と仮定すると、AD二四〇年代に馬が存在しなかった地域にAD二七〇年代には乗馬の風習があったことになり、矛盾すると主張する（詳細は第3章で後述）（⑬安本　2008　p99～105）。私としてはこの両氏の意見に全く異論はない。

なお、カササギは現在日本では九州北部に分布する希少種で佐賀県の県鳥となっている。これは、魏志倭人伝、特に邪馬台国北部九州説と矛盾するようにみえる。しかし、カササギは日本固有種ではなく、その渡来は豊臣秀吉の朝鮮出兵時に日本に持ち帰ったという説が有力である。これが事実とすれば、魏志倭人伝の記載とも矛盾せず、現在は九州北部を中心に分布しているのも頷くことができる。

（5）兵用矛・楯。木弓。木弓短下長上、竹箭或鐵鏃或骨鏃。

兵には矛《ぼう》・楯《じゅん》・木弓を用う。木弓は下を短く上を長くす。竹箭《ちくせん》には或いは鉄鏃《てつぞく》或いは骨鏃《こつぞく》〔を用う〕。「倭国伝　中国正史に描かれた日本」（①藤堂・竹田・影山　２０１０）

【現代語訳】

兵器は、矛・楯・木弓を用いている。木弓（の形状）は、下が短く上の部分を長めにしている。矢は竹製で、鉄のやじり、あるいは骨のやじりが使われている。

【解説】

ここの記載で注目すべき点は、女王国で鉄の鏃が使用されていたことである。安本美典氏によれば、県別の弥生時代の鉄鏃の出土数は福岡県が一位（三九八）、熊本県が二位（三三九）であり、畿内では京都府の一一二（四位）が最も多く、奈良県に至ってはわずか四である。女王国が福岡県・佐賀県を中心とした領域であり、それと対立する狗奴国が熊本県にあったことを反映しているとしている。（⑬安本　２００８　p17）この説にも私も異論はない。

また、鉄鏃だけでなく、鉄刀・鉄剣・鉄矛・鉄戈など弥生時代の多くの鉄器の出土量が畿内に比べ北部九州が圧倒的に多い（⑬安本　２００８　p19～23）。邪馬台国畿内説を唱える人も含め、この鉄器の差に異論を唱える人はほとんどいない。旧日本陸軍の参謀であった堀栄三氏は、実戦の分析から、「戦闘の趨勢を決定する指標は『鉄量』である」と結論付けた（㉓鈴木　2012　p102～103）。この件に関しては、紀元前二千年紀に製鉄技術を独占し、オリエント地方で隆盛を極めた「ヒッタイト王国」の時代から変わりはない（㉔鈴木　1973　p98～99）。

次に述べる二つの文化圏、「鉄を有する文化圏＝銅矛文化圏」が「鉄を有しない文化圏＝銅鐸文化圏」と同時期に併存すれば、前者が後者を飲み込んでいくことが自然の摂理であろう。これは、和辻哲郎の邪馬台国東遷説を補強するものと考える（㉕石野　2011　p13～14）。なお、鉄器についての詳細は、「第3章　考古学的検証」で再度述べたい。

次に注目するのは、武器に「矛」を使用していた点である。我が国の銅矛の分布は九州北部と四国西部に偏在しており、畿内ではほとんど出土せず、奈良県での出土例はない。これに対し、畿内を中心に中国地方東部、四国東部、東海地方は銅鐸が分布し、九州からはほとんど出土しない。いわゆる「銅矛文化圏」と「銅鐸文化圏」である。これは弥生時代には、北部九州と畿内は異質な文化圏であることを物語るものであり、邪馬台国が畿内に存在することを否定するものである。

また、記紀の国生み神話でイザナキとイザナミの二神は、「天の沼矛」で潮をかき回して、最初の島である「オノゴロ島」を造っている（⑮次田　1977　p40～41、⑱宇治谷　1988　p16～18）。ここで、二神は、「淡路之穂之狭別島《あわじのほのさわけのしま》（淡路島）」、「伊予之二名島《いよのふたなのしま》（四国）」、「隠岐島《おきのしま》（隠岐諸島）」、「筑紫島（九州）」、「壱岐島《いきのしま》」、「対馬《つしま》」、「佐渡島《さどしま》」、「大倭豊秋津島《おおやまととよあきつしま》（本州）」の「大八島国」を生んだ

⒂次田　1977　p45〜47）。古田武彦氏は「古代の国々は矛から生まれた」と述べ、「矛の独占する国土創生神話は、銅矛圏の中で生み出された神話である」と提唱している㉑古田　1993　p17〜20）。

また、加藤真司氏は大八島のうち国名が記載されているのは「伊予之二名島《いよのふたなのしま》（四国）」と「筑紫島（九州）」だけであることに注目している。四国では「伊予国（愛媛県）」、「讃岐国（香川県）」、「阿波国（徳島県）」、「土佐国（高知県）」、九州では「筑紫国（福岡県西部）」、「豊国（福岡県東部・大分県）」、「肥国（佐賀県・長崎県・熊本県（北部？））」、「熊曾国（熊本県南部？・鹿児島県？）」の八国である。氏は二神が造った国々はこの八国だけとし、その範囲が「銅矛文化圏」とほぼ一致すると述べている。そして「広型銅矛祭器を使っていた種族が古事記に登場する神々の一族である」と提唱している㉒加藤　1994　p19〜20）。私はこの考えにも、同意するところが多い。

以上のことから、記紀の国生み神話の舞台も畿内である余地はない。邪馬台国も国生み神話の舞台も北部九州と想定すれば、そこには何の矛盾も無いのである。

なお、矛については、「第2章　古事記の解釈」「第3章　考古学的検証」でも再度述べたい。

（6）所有無與儋耳・朱崖同。

有無する所は、儋耳《たんじ》・朱崖《しゅがい》と同じ。「倭国伝　中国正史に描かれた日本」⑴藤堂・竹田　影山　20

10）

【現代語訳】

風俗・習慣・産物等は、（海南島の）儋耳・朱崖と同じである。

【解説】

儋耳・朱崖とは海南島に置かれた郡名である。先に鳥越憲三郎氏の見解で述べたとおり、氏は日本列島は海南島東方海上まで南北に連なっていると認識されていたとしている（⑦鳥越　2004　p49～50）。そしてこれも先に述べたとおり、謝銘仁氏は、このような認識を中国人が持っていたのは、倭と中国との交流が朝鮮半島経由ばかりでなく、季節風を利用し揚子江河口等と直接交流があったからであるとの見解を示している（②謝　1990　p152）。また氏は、「九州あたりから中国大陸の蘇州、寧波、福建沿岸への航行が多かったせいか、倭地は海南島の東隣に位置するとさえ錯覚を起こされがちであった。『後漢書（五世紀）』に『倭地は朱崖・儋耳と相近し』とあり、『隋書（七世紀）』にも『儋耳と相近し』と記してある。」と述べている（②謝　1990　p169～p170）。

（7）倭地溫暖、冬夏食生菜。皆徒跣。

表１　冬期間の奈良市と佐賀市の気温差（1981～2010平均）

	奈良市			佐賀市			差（奈良市に比べての佐賀市の気温）		
	平均	最高	最低	平均	最高	最低	平均	最高	最低
12月	6.2	11.4	-0.2	7.6	12.3	3.1	1.4	0.9	3.3
１月	3.9	8.7	-0.1	5.4	9.8	1.3	1.5	1.1	1.4
２月	4.4	9.6	1.9	6.7	11.4	2.3	2.3	1.8	0.4

倭の地は温暖にして、夏も冬も生菜を食らう。皆徒跣《とせん》なり。「倭国伝　中国正史に描かれた日本」（①藤堂・竹田・影山　２０１０）

【現代語訳】

倭の地は気候温暖で、冬も夏も生野菜を食べている。（住んでいる人は）皆裸足である。

【解説】

上表は奈良市と佐賀市の冬期間の気温の比較である。佐賀市の方が一～三℃温かい。特に佐賀市では、最低気温が平均で氷点下にはならない。現在の気温と三世紀の気温が同じと言えないこともあり、この程度の差では、決定的な証拠とはいえないものの、「温暖で冬も生野菜を食べている」地としては、九州北部の有明海沿岸の地の方がふさわしいと考える。

(8)有屋室、父母兄弟臥息異處、以朱丹塗其身體、如中國用粉也。食飲用籩豆手食。

屋室あり。父母兄弟臥息《がそく》するに処《ところ》を異《こと》にす。朱丹を以って其の身体に塗る。中国〔人〕の粉を用いるが如き也。食飲するときは、籩豆《へんとう》を用い、手もて食《くら》う。「倭国伝　中国正史に描かれた日本」（①藤堂・竹田・影山　2010）

【現代語訳】

家屋には部屋がある。父母と兄弟とが寝る所が異なっている。赤色顔料を体に塗っていて、それはちょうど、中国人がおしろいを使っているのと同じようだ。飲食するときは、竹や木の高杯を使い、手づかみで食べている。

【解説】

どの程度の階級を描いているのかはわからないが、当時の住居には既に部屋（間仕切）があった。つまり、同室に家族が雑魚寝状態ではなかったのである。しかし、化粧に朱丹を使うというのはいかにも原始的なイメージがうかがえる。当時、中国で一般的であったおしろいも箸もまだ倭国にはなかった。まだ倭国には中国文明が浸透していないようにうかがえる。独自の文化が色濃く残っているのである。又は、南方等中国以外から伝来した文化かもしれない。鳥越憲三郎氏は箸について仏教とともに入ったと述べている（⑦鳥越　2004　p56）。私は日本が中国文化の影響を強く受けるのは仏教伝来以後のように思える。

（9）其死、有棺無槨。封土作冢。始死停喪十餘日、當時不食肉、喪主哭泣、他人就歌舞飲酒。已葬、擧家詣水中澡浴、以如練沐。

其の死すや、棺有れども槨無し。土を封《ほう》じて冢《つか》を作る。始《いま》し死したらば、喪《なきがら》を停《とど》むること十余日、〔その〕時に当たりは肉を食《くら》わず、喪主《そうしゅ》は哭泣《こくきゅう》すれど、他人は就《つ》きて歌舞飲酒す。已《すで》に葬らば、家を挙《こぞ》りて水中に詣《いた》りて澡浴し、以って練沐《れんもく》の如くす。「倭国伝　中国正史に描かれた日本」（①藤堂・竹田・影山　2010）

【現代語訳】

倭人が死去すると、（その人の）棺はあるが、（墓には）外槨はない。（棺の上に）土を盛りあげて塚を作る。死去すると亡きがらは十余日動かさず、その期間は肉食をせず、喪主は声をあげて泣くが、その他の人はその場所で歌い踊り酒を飲む。墓に葬ってから、家中の者が水浴に出かける。（それは）中国で喪あけに行う禊のようである。

【解説】

ここのキーセンテンスは「有棺無槨（棺有れども槨無し）」である。邪馬台国の墓には槨（棺を収める部屋・空間）がなかったのである。この点について、安本美典氏は、畿内論者が卑弥呼の墓と唱える箸墓古墳と同時代か、又は、少し時代が遡る「ホケノ山古墳」について述べている（㊹安本　2009　p178~189）。ホケノ山古墳には木槨があるので、邪馬台国よりも時代が下ると推定されるのである。よって、「箸墓古墳＝卑弥呼の墓」は成り立たなくなる。（詳細は第3章にて後述）

なお、禊の為の水浴は古事記にも登場する。黄泉の国から逃げ帰ったイザナキが行うのである（⑮次田　1977　p69）。人の死に伴う禊の風習は、魏志倭人伝からも古事記からも見受けられる。魏志倭人伝が一〇〇％正しいとは言い切れないものの、これは古事記も全くのフィクションではないことを物語るものであろう。

（10）其行來渡海詣中國。恆使一人不梳頭、不去蟣蝨、衣服垢汚、不食肉、不近婦人、如喪人。名之爲持衰。若行者吉善、共顧其生口財物、若有疾病、遭暴害、便欲殺之、謂其持衰不謹。

其の行来に海を渡りて中国に詣るときは、恒に一人をして頭を梳《くしけず》らず、蟣蝨《きしつ》を去らず、衣服垢汚《こうお》せしままに、肉を食らわず、婦人を近づけず、喪人の如くせしむ。之を名づけて持衰《じさい》と為す。若し行く者吉善ならば、共にその生口財物顧《かえり》み、若し疾病有り、暴害に遭うときは、便《すなわ》ち之を殺さんと欲し、その持衰《じさい》することを謹まずと謂う。「倭国伝　中国正史に描かれた日本」（①藤堂・竹田・影山　2010）

【現代語訳】

倭人が海を渡って中国を訪問する行き来の際には、いつも一人を選び、（その人は）髪を櫛でとかさず、しらみもとらず、衣服も（洗わずに）垢で汚れたままにしておき、肉を食べず、女を近づけないで、喪に服している人のようにさせる。これを持衰《じさい》という。もし使節の旅が無事であれば、規則により持衰に奴婢や金品を与える。もし使節が病気になったり暴風雨にあったりしたときは、（その者を）殺そうとする。その持衰が不謹慎だったからというのである。

【解説】

「持衰《じさい》」の記述に関する解釈には異論は少ない。当時、外洋航海はいかに困難で神頼みであったかを物語るものである。前述したように、このような時代に壱岐や対馬の人々は外洋航海で交易をしていたので、当時としては高度の航海技術を持っていたのであろう。彼らが中継貿易で想像以上の繁栄をしていたのかもしれない。なお、鳥越憲三郎氏によれば、「持衰」については日本の文献に登場せず、この慣行が事実とすれば、それを記載した三国志や後漢書等は貴重な資料であるとしている（⑦鳥越　2004　p59）。

(11)出眞珠・青玉。其山有丹。其木有枏・杼・豫樟・楺・櫪・投・橿・烏號・楓香。其竹篠・簳・桃支。有薑・橘・椒・蘘荷、不知以爲滋味。有獮猴・黑雉。

〔倭国は〕真珠・青玉を出《い》だす。其の山には丹有り。其の木には柟《ぜん》・杼《ちょ》・豫樟《よしょう》・楺《じゅう》・櫪《れき》・投《とう》・橿《きょう》・烏号《うごう》・楓香有り。其の竹には、篠《じょう》・簳《かん》・桃支《とうし》あり。薑《きょう》・橘《きつ》・椒《しょう》・蘘荷《じょうか》有れども、以って滋味と為すことを知らず。獼猴《みこう》・黒雉《こくち》有り。「倭国伝　中国正史に描かれた日本」（①藤堂・竹田・影山　２０１０）

【現代語訳】

倭国からは、真珠と青玉がとれる。山には、丹砂・朱砂がある。樹木には、クス・トチ・樟・ボケ・クヌギ・スギ・カシ・ヤマグワ・楓がある。竹は、篠竹・箭竹・桃支竹がある。生薑・橘・山椒・茗荷があるが、それらが食用となることを知らない。猿・黒羽の雉がいる。

【解説】

倭の特産・植生の記述であるが、それぞれ検討していくことにする。

「真珠」はそのまま現在の真珠であるということに異を唱える研究者はほとんどいない。「延喜式（平安時代前期）」には、対馬の真珠を京都の貴族が買っていた記載がある（⑨森　２０１０　p74）。森浩一氏は、台与が魏に献上した白珠（後述）とは対馬産の真珠であると推測している（⑨森　２０１０　p74～75）。

次に「青玉」である。ここでは真珠と青玉が対になって記載されている。魏志倭人伝には、台与が魏に献上した白珠と対になって記載されている献上品に、「孔青大句玉」がある。私はこの記載の仕方からみても「孔青大句玉＝（大きな）青玉」と考える。安本美典氏は「孔青大句玉」を翡翠《ひすい》と考えるのが有力であるとしている（⑬安本　２００８　p46）。同意見の研究者は多いようで、私もその一人である。そして、同氏は弥生時代の翡翠製勾玉はそのほとんどが九州北部から出土しており、畿内からは一点も出土していないと指摘する（⑬安本　２００８　p46）。私も「出眞珠・青玉」の記述がふさわしいのは北部九州と考える。

「丹」は「丹砂・朱砂・辰砂＝硫化水銀（HgS）」という説が主流である（①藤堂・竹田・影山　２０１０　p99、⑫奥野　２０１０　p59）。丹砂は古来よりの赤色顔料である。奥野正男氏によれば、弥生時代の丹砂の発見例は九州北部の墓に多く、北部九州以外は発見例が乏しいとのことである（⑫奥野　２０１０　p59）。森浩一氏は「丹」は「ベンガラ＝酸化第二鉄（Fe_2O_3）」と提唱し、丹砂は「朱」と表現し区別している（⑨森　２０１０　p２０６）。

しかし、その「朱」について、弥生時代の発見例として、九州北部の旧前原市から多く発見されていることに着目し、朱を用いることは、北部九州の弥生時代に始まったとしている指摘も参考としたい（⑨森　２０１０　p２０５）。なお、奥野氏は「丹＝ベンガラ」説を否定しており（⑫奥野　２０１０　p59～60）、氏の説のとおり、「丹＝丹砂」とすれば、弥生時代の発見例は前述のとおり北部九州に集中していることになる。

次に樹木の記載である。「柟」は「クスノキ」とする説が主流であるが（①藤堂・竹田・影山　２０

10　p99、②謝　1990　p178~183、⑦鳥越　2004　p106、⑧石原　1985　p81）、「ウメ」とする説もある（②謝　1990　p178~183、⑦鳥越　2004　p106）。楠の分布は関東地方南部以西の本州・四国・九州、ウメについては中国中部原産で、時に日本各地の暖地で野生化している。

「杼」は「トチノキ」とする説（①藤堂・竹田・影山　2010　p99、⑧石原　1985　p81）と「クヌギ」とする説（⑦鳥越　2004　p106）がある。トチノキは北海道・本州・四国・九州に分布し、クヌギは山形県以西の本州・四国・九州に分布する。

「豫樟」は「クスノキ」とする説が主流であるが（①藤堂・竹田・影山　2010　p99、⑦鳥越　2004　p106、⑧石原　1985　p81）、枏をクスノキと提唱した研究者が、豫樟もクスノキと提唱しており、何故クスノキが二度登場するのかは不明である。

「楺」は「ボケ」とする説が多い（①藤堂・竹田・影山　2010　p99、⑧石原　1985　p81）。しかし、「ボケ」は平安時代に渡来したとされ、矛盾する。

「櫪」は杼をクヌギではなくトチと提唱した研究者がクヌギとしている（①藤堂・竹田・影山　2010　p99、⑧石原　1985　p81）。

「投」は「カシ」（①藤堂・竹田・影山　2010　p99）、「スギ」又は「カヤ」（⑧石原　1985　p81）、次に続く文字と合わせ「投橿」とし、「カシ」とする説がある（⑦鳥越　2004　p106）。「カシ」は東北南部以西の本州・四国・九州に、「スギ」は本州・四国・九州に、「カヤ」は宮城県以西の本州・四国・九州に分布する。

「橿」は「カシ」とする説が主流である（①藤堂・竹田・影山　２０１０　p99、⑧石原　１９８５　p81）。カシの植生は、投橿の説明で前述したとおりである。

「烏號」は「ヤマグワ」（①藤堂・竹田・影山　２０１０　p99、⑧石原　１９８５　p81）、「弓を作る木」（⑦鳥越　２００４　p１０６）とする説がある。「ヤマグワ」は北海道から九州まで広く分布している。

「楓香」は「カエデ」（①藤堂・竹田・影山　２０１０　p99、⑦鳥越　２００４　p１０６）、「オカツラ」（⑧石原　１９８５　p81）という説がある。「カエデ」は種類によっても異なるが、北海道から九州まで分布している。「オカツラ」は「雄桂（雄株の桂）」と解釈すると、やはり北海道から九州まで分布している。以上より樹木の分布から邪馬台国の位置を推定するのは困難である。

次に竹類の記載である。「篠」は「シノダケ」（①藤堂・竹田・影山　２０１０　p99、⑧石原　１９８５　p81）、その次の「簳」の字と合わせて「篠簳」とし「シノダケ」（⑦鳥越　２００４　p１０６）、「メダケ」（⑰松村　２００６）という説がある。「シノダケ」は現在正式には「アズマネザサ」と言われているようであり、その分布は北海道西南部〜長野県・静岡県であり、「メダケ」は関東地方以西の本州・四国・九州に分布している。

「簳」は「ヤダケ」という説がある（①藤堂・竹田・影山　２０１０　p99、⑧石原　１９８５　p81）。「ヤダケ」は本州・四国・九州に広く分布している。

「桃支」は「カズラダケ」と見受けられるも（⑧石原　1985　p81）、「カズラダケ」は図鑑には存在せず、詳細は不明である。以上より、竹類の記載からも邪馬台国の位置を推定することは困難である。

次に食用となる植物の記載である。「薑」・「橘」・「椒」・「蘘荷」はそれぞれ「ショウガ」・「タチバナ」・「サンショウ」・「ミョウガ」である（①藤堂・竹田・影山　2010　p99、②謝　1990　p46、⑦鳥越　2004　p106、⑧石原　1985　p81）。ショウガとミョウガは中国からの伝来種であり、その分布を考えるのはナンセンスである。ショウガは三世紀に中国から伝来したとされており、卑弥呼の時代には既に伝来していたが、まだ食用にはしていなかったようである。サンショウは北海道から九州まで広く分布している。タチバナは九州、四国には分布しているが、本州で分布しているのは静岡・愛知・和歌山である。奈良には野生のタチバナは無い。邪馬台国畿内説の場合、畿内から北部九州までを広く女王国連合とすれば、その地域内で野生のタチバナはあることになる。しかし、女王国の都である邪馬台国にはタチバナは分布していないのである。これは、邪馬台国畿内説を否定する証拠の一つとなると考える。

最後に鳥獣の記載である。「獮猴」は「サル」である（①藤堂・竹田・影山　2010　p99、②謝　1990　p46、⑦鳥越　2004　p106、⑧石原　1985　p81）。当然ニホンザルであるが、これは本州・四国・九州と広く分布している。「黑雉」は「キジ」である（①藤堂・竹田・影山　2010　p99、②謝　1990　p46、⑦鳥越　2004　p106、⑧石原　1985　p81）。これも本州・四国・九州と広く分布している。鳥獣の記載からは邪馬台国の位置を推定することは困難である。

(12)其俗擧事行來、有所云爲。輒灼骨而卜、以占吉凶。先告所卜、其辭如令龜法。視火坼占兆。
其會同坐起、父子・男女無別。人性嗜酒。見大人所敬、但搏手以當跪拜。其人壽考、或百年、
或八、九十年。

其の俗、事を挙げ〔もしくは〕行来《こうらい》に、云為《うんい》する所有らば、輒《すなわ》ち骨を灼《や》きて卜《ぼく》し、以って吉凶を占う。先ず卜《うらな》う所を告げ、其の辞《ことば》は令亀《れいき》法《ほう》の如し。火坼《かたく》を視《み》て兆を占う。其の会同、坐起するさまは、父子・男女に別なし。〔その〕人の性、酒を嗜《たしな》む。大人の敬う所に見うときは、但《た》だ手を搏《う》ちて以って跪拝《きはい》に当《あ》つ。其の人は寿考にして、或いは百年、或いは八、九十年なり。「倭国伝　中国正史に描かれた日本」（①藤堂・竹田・影山　2010）

【現代語訳】

土地の習慣として、仕事や事業を始めるとか、遠くへ旅立つなど何かを言ったりしたりするときは、骨を灼く卜いをして、吉凶を占う。まず、占おうとすることを言う。その卜いの言葉は、中国の令亀法の言葉に似ている。灼いてできた割れ目を見てよしあしを占うのである。集会の時に坐ったり立ったりするふるまいは、父子、男女の差別はない。人々は酒が好きである。敬意を表すべき偉い人

に出会うと、手を打ってひざまずいて拝する代わりとする。人々の寿命は長く、ある人は一〇〇年、ある人は八、九〇年である。

【解説】

骨を灼く占いについては古事記でも見られる。天岩戸に隠れた天照大神を引き出す場面に、男鹿の肩の骨を灼いて占ったとある（⑦鳥越　2004　p107、⑮次田　1977　p87～88）。このような卜骨は西日本では、壱岐から多く出土しており、壱岐の原の辻遺跡やカラカミ遺跡からは、鹿の骨を使った卜骨が多く出土している（⑨森　2010　p85）。森浩一氏は帯方郡使が壱岐でこの風習を見聞したと推測している。この箇所については、中国の文献、日本の文献、考古学的発掘調査の結果が一致しており、魏志倭人伝の内容の信憑性を証明するものと考える。

年齢・男女による尊卑はあまりなかったようであるが、身分等の階級制度は既にしっかりあったようである。「身分の高い人に会うと、手を打ってひざまずく代わりにする」とあるが、このシーンは私には神社での参拝を彷彿させた。

古田武彦氏は、倭人の年齢について、八〇歳～一〇〇歳と解釈し、「二倍年暦説（春・秋の年に二回年をとる）」を提唱しているが（⑩古田　1991　p100～101）、謝銘仁氏はそれを否定している（②謝　1990　p124～126）。私も謝銘仁氏が提唱するように、この表記については、「長寿で一〇〇歳又は八、九〇歳まで生きる」と解釈するのではなく、「長寿で一〇〇歳又は八、九〇歳まで生きる人も（中には）いる」と解釈したほうが自然であると考える（②謝　1990　p130）。

（13）其俗、國大人皆四、五婦、下戸或二、三婦。婦人不淫。不妒忌。不盗竊、少諍訟。其犯法、輕者沒其妻子、重者滅其門戶及宗族。尊卑各有差序、足相臣服。收租賦。有邸閣。國國有市、交易有無。使大倭監之。

其の俗、国の大人《たいじん》は皆四、五〔人〕の婦《よめ》あり。下戸《げこ》は或いは二、三人の婦《よめ》あり。婦人は淫《みだら》ならず。妒《と》忌《き》せず。盗窃せず、諍訟《そうしょう》少なし。其の法を犯すとき、軽き者は其の妻子を没し、重き者は其の門戸及び宗族を滅す。尊卑各《おのおの》差序有りて、相《あい》臣服するに足る。租賦《そふ》を収む。邸閣《ていかく》有り。国国に市《し》有り。有無交易す。大倭をしてこれを監《かん》せしむ。「倭国伝　中国正史に描かれた日本」（①藤堂・竹田・影山　2010）

【現代語訳】

習慣として、国の身分の高い人は皆四、五人の妻をもっており、一般庶民でも、二、三人の妻をもっている（者もいる）。女性はつつましやかで、やきもちを焼かない。窃盗をはたらく者はなく、争いごとも少ない。法を犯した者は、罪の軽い場合はその者の妻子を没収し、重い場合は家族やその一族まで殺す。身分の尊卑の関係には上下関係があり、目上の者は目下の者を服従させる制度となっている。租税のとりたて制度がある。立派な家もある。国ごとに市場がある。（人々は）お互いに持っているものといないものとを物々交換をしている。これを大倭という市場の監督役人に監督させている。

【解説】

倭国は一夫多妻制であった。「女性は慎ましく嫉妬はせず、窃盗行為や争いごとは少ない」という表記から、中国からみても秩序のある国とみられたのであろう。妻子の没収から一族の誅殺まで、罰則も体系づけられていたようである。また身分制度、租税制度も確立していたようである。「邸閣」は「邸宅」と解釈する説（①藤堂・竹田・影山　2010　p100）、「倉庫」と解釈する説（②謝　1990　p47、⑦鳥越　2004　p110）、その双方とする説（⑧石原　1985　p82）がある。「大倭」は、市場の監督役人とする説が大勢であるが（①藤堂・竹田・影山　2010　p100、②謝　1990　p159、⑧石原　1985　p82）、邪馬台国そのものという説もある（⑦鳥越　2004　p110）。私は役人説に賛成である。この役人は強い権限を持っていたと考えられ、現地人ではなく邪馬台国から派遣された者とも推定される。

3　倭国の国家体制

(1)自女王國以北、特置一大率、検察諸國、諸國畏憚之。常治伊都國、於國中有如刺史。

女王国自《よ》り以北には、特に一大率《だいそつ》を置きて、諸国を検察せしめ、諸国之を畏憚《いたん》す。〔大率は〕常に伊都国に治《ち》す。国中に於《お》いては〔中国の〕刺史《しし》の如きものあり。「倭国伝　中国正史に描かれた日本」（①藤堂・竹田・影山　2010）

【現代語訳】

女王国から北の地には、特に一人の統率者を置いて諸国をとりしまらせていて、諸国もこれを恐れはばかっている。その統率者は、常に伊都国に駐屯して統治の任にあたり、中国の刺史のようなものである。

【解説】

「大率」とは官職名（個人）とみる説が大勢である（①藤堂・竹田・影山　2010　p110、②謝　1990　p163、③新井　2007　p110）。軍隊（組織）とみる説もあるが（⑧石原　1985　p82）、中国の刺史に例えられていることから、やはり官職名（個人）であろう。女王国を構成する国々を監督する軍事・行政の司令長官といえる。松本清張氏は大率について魏から派遣された役人と推定しているが（⑨森　2010　p105）、謝銘仁氏が言うように、わざわざ中国の官職に例えたりせずに中国の官職名を使うはずである（②謝　1990　p165~166）。私も、女王国の都、邪馬台国から派遣された将軍と考える。

そして、統治の任に当たっていたのが、「女王国（の都）以北」の「伊都国」である。邪馬台国九州説・畿内説を問わず、伊都国は現在の福岡県糸島市とする説が大勢である。つまり、邪馬台国は伊都国の南にあったのである。よってここでも邪馬台国畿内説が成立する余地はない。

なお伊都国に関しては「倭国の旧王都」であり、「女王国の外交の舞台・帯方郡の使節の目的地である政治都市」である可能性を伊都国についての解説で前述した。ここで、大率に率いられた軍事・警察組織もあったとなると、私の仮説を補強してくれるものと考える。やはり伊都国は特別な「クニ」である。

(2)王遣使詣京都・帯方郡・諸韓國、及郡使倭國、皆臨津捜露、傳送文書賜遺之物詣女王、不得差錯。

〔倭〕王の使いを遣わして京都《けいと》・帯方郡・諸の韓国に詣《いた》らしむるとき、及び郡〔使〕の倭国に使いするときは、皆、津《しん》に臨みて捜露《そうろ》し、文書、賜遺《しい》の物を伝送して女王〔のもと〕に詣《いた》らしめ、差錯《ささく》あることを得ず。「倭国伝　中国正史に描かれた日本」（①藤堂・竹田・影山　２０１０）

【現代語訳】

倭の王が使いを遣わして、魏の都・帯方郡・各韓国に詣でる時や、また、帯方郡使が倭国に遣わされた時はみな、港で荷物をあらため、誤りがないかを確かめたうえで、文書・賜り物などを女王に差し出す。不足やくい違いは許されない。

【解説】

魏や韓国に使者を遣わす時や帯方郡使が来訪した時は、津（港）で文書・荷物を検閲している姿が描かれている。さながら税関である。この津（港）の場所を、鳥越憲三郎氏や森浩一氏は伊都国としている（⑦鳥越　2004　p111、⑨森　2010　p107）。しかし、前述のように、帯方郡使が上陸したのは末盧国であり、そこから伊都までは陸行である。当然ここで語られる津（港）は、末盧国であると考えるのが妥当であろう。末盧国から伊都国までは水行の方が容易と考えられるのに、陸行にした理由を遠澤葆氏は伊都国の唐津湾岸は遠浅で港には適さなかったと推測している（④遠澤　2003　p178）。

(3)下戸與相逢道路、逡巡入草。傳辭說事、或蹲或跪、兩手據地、爲之恭敬。對應聲曰噫。比如然諾。

下戸、大人と道路で相逢《あい》うときは、逡巡《しゅんじゅん》して草に入る。辞を伝え事を説くときは、或いは蹲《そん》し、或いは跪《ひざまず》き、両手は地に拠《よ》り、之が恭敬を為す。対応するときは声して噫《あい》と曰う。比えば（中国

の」然諾《ぜんだく》の如し。「倭国伝　中国正史に描かれた日本」（①藤堂・竹田・影山　2010）

【現代語訳】

一般庶民が道で身分の高い人と逢ったときは、後ずさりして草むらによける。言葉を伝え物事を説明したりするときは、蹲《うずくま》ったり膝をついたりして、両手を地につき敬う態度をとる。応答の言葉は「はい」であり、例えれば中国の「承諾」のようなものである。

【解説】

ここには難解な箇所はない。テレビドラマ等でよく見る大名行列や大名に家臣が謁見するシーンを彷彿させる。

（4）其國本亦以男子爲王。住七八十年、倭國亂、相攻伐歴年。乃共立一女子爲王。名曰卑彌呼。事鬼道、能惑衆。年已長大、無夫壻。有男弟佐治國。自爲王以來、少有見者。以婢千人自侍。唯有男子一人給飲食、傳辭出入。居處・宮室・樓觀・城柵、嚴設、常有人持兵守衞。

其の国、本《もと》亦《ま》た男子を以って王と為す。住《とど》まること七、八十年、倭国乱れて、相《あい》攻伐すること年を歴《へ》たり。及《すなわ》ち共に一女子を立てて王と為す。名づけて卑弥呼《ひめこ》と曰う。鬼道《きどう》に事え能《よ》く衆を惑わす。

年、已《すで》に長大なれども〔なおも〕夫壻《ふせい》無し。男弟有りて国を佐《たす》け治む。〔卑弥呼が〕王と為りて自《よ》り以来、見《まみ》ゆること有る者少なし。婢《ひ》千人を以って自ら侍《はべ》らしむ。唯《ただ》男子一人のみ有りて〔卑弥呼に〕飲食を給し、辞を伝えて〔宮中に〕出入す。居処・宮室・楼観・城柵、厳《おごそ》かに設け、常に人有りて兵を持ちて守衛す。「倭国伝　中国正史に描かれた日本」（①藤堂・竹田・影山　２０１０）

【現代語訳】

その国は、元々すべて男を王としていた。男が王となっていたのは七、八〇年間であったが国は乱れて、攻め合いが何年も続いた。そこでついに一人の女性を選んで女王とし、卑弥呼と名づけた。神霊に通じ、神託により国を治め、人々を心服させた。既に年長者であるが夫を持たず、弟がいて政治を補佐した。女王の位に就いてからの卑弥呼に直接会った人は極めて少ない。侍女千人にかしずかせていた。ただ一人の男が食事の世話をし、言葉を伝えるために出入りしていた。居室や宮殿・物見台・砦をいかめしく造り、常に警備の者が武器を持って守っていた。

【解説】

倭国は七～八〇年間男王が統治していたが、その後内乱になった。その内乱を後漢書では「倭国大乱」と称し、桓帝・霊帝の統治した年代としている。桓帝の在位はＡＤ一四六～一六七、霊帝の在位はＡＤ一六七～一八九である。逆算すれば男王統治が開始された時期は、ＡＤ六六～一一九の間となる。

また、梁書では「倭国乱」と称し、霊帝の光和年間（AD一七八〜一八四）としている。同様に逆算すると、男王統治開始はAD九八〜一一四年に絞られる。また後漢書によると、安帝の永初元（AD一〇七）年に倭国が朝貢している。私はこれを倭国が男王のもと一応統一され、これを漢に承認を求める朝貢ではなかったと考える。後漢書によるその前の朝貢の記載は、建武中元二（AD五七）年の朝貢である。光武帝より金印が下賜された時であるが、この時朝貢した国は倭奴国であり、倭国はまだ統一されておらず、倭の中の最大級の勢力であった奴国が朝貢したものと推測される。

以上を整理すると、倭国統一はAD一〇〇年頃、大乱はAD一八〇年頃、卑弥呼共立はAD一九〇頃と推測する。なお、倭国がAD一〇〇年頃に一度統一されているとすれば、邪馬台国畿内説では、この時期に北部九州から畿内までの連合国家が成立していることになる。私としては、たとえ連合国家だったとしても、この時期にこのような国家があったとは考えにくい。

なお、「伊都国」の記述の際に前述したが、私はこの男王が統治し後漢に朝貢した倭国は「伊都国」と考える。後漢に朝貢した「倭国王帥升」の記述であるが、「翰苑」所引の「後漢書」では「倭面上国王師升」、北宋版「通典」には「倭面土国王師升」とある。石原道博氏は「倭《わ》」の語源は「委《ゐ》」であるとする。そして、すでに戦前に白鳥庫吉氏は「倭」の語源は「伊都（怡土）⇒委（倭）土」であるとしている（⑧石原　1985　p19〜20、(58)孫　2018、(63)永留　2009　p97）。

前述したとおり、建武中元二（AD五七）年に後漢の光武帝に朝貢し、金印を下賜された「委奴國」

写真⑥　吉野ヶ里遺跡（佐賀県神埼郡吉野ヶ里町）

は「倭《わ》の奴《な》国」であり、印面に彫られている「漢委奴國王」は「漢《かん》の倭《わ》の奴《な》国王」というのが通説である。しかし、「委奴國」は「委《い》奴《と》国」であり、「漢委奴國王」は「漢《かん》の委《い》奴《と》国王」であるという説もある（⑧石原　1985　p20、57）。この説はテレビ番組でも放送され、番組中、大阪芸術大学客員教授の久米雅雄氏が説明している（BS・TBS「諸説あり！」二〇一八・八・一八放送）。この説によれば、伊都国は一世紀中頃にはすでに倭国の最有力国であったことになる。

　また、環濠集落について高島忠平氏は、九州北部の環濠集落が、魏志倭人伝の記述と一致するとしている。「居所、宮室、楼観、そして城柵を厳重にめぐらし、武器をもって守る人がいる」の記述は、吉野ヶ里遺跡に符合し、こうしたものは、九州北部にしか見られないとしているのである（㉕石野　2011　p34）【写真⑥】。私としても、この卑弥呼の館の記述と環濠集落とはイメージが一致する。

また、卑弥呼は共立されたのである。もし邪馬台国が畿内にあり、女王国（邪馬台国連合）が畿内から九州まで及ぶとすると、現在の日本の半分の地域や国々から共立されたことになる。三世紀当時のネットワークでそれが可能であったとは私は信じられない。邪馬台国は九州北部にあり、女王国（邪馬台国連合）は九州北部の国々であり、その国々が卑弥呼を共立したであろうと私は考える。

（5）女王國東渡海千餘里、復有國、皆倭種。又有侏儒國在其南。人長三四尺、去女王四千餘里。又有裸國・黑齒國。復在其東南。船行一年可至。

女王国の東、海を渡りて千余里、復《ま》た国有り。皆、倭の種なり。又侏儒国《しゆじゆこく》有りて、其の南に在り。人の長《みのたけ》三、四尺、女王〔の国〕を去ること四千余里なり。又裸国《らこく》・黒歯国《こくしこく》有り。復《ま》た其の東南に在り。船行すること一年にして至るべし。「倭国伝　中国正史に描かれた日本」（①藤堂・竹田・影山　2010）

【現代語訳】

女王国の東へ、海を渡って千余里のところにまた国がある。みな倭の種族である。また侏儒国がその南にある。この国の人の背丈は三、四尺で、女王国からの距離は四〇〇〇里余りである。また、裸国や黒歯国が更にその東南にある。そこへは船旅一年で着く。

【解説】

「女王國東渡海千餘里、復有國、皆倭種」の記載は、邪馬台国が九州にあったことを決定づけるものと考える。「女王国から東に海を渡ること千余里でまた国があり、そこにも倭人が住んでいる」というのである。邪馬台国が九州北部にあるとすると、東にある国は、中国地方や四国と考えればよい。邪馬台国が畿内だとすれば、東側に海は無い。また、東を南に読み替えると、海はあるが陸地がない。私はこの東の国を日本の中国地方と考える。

（6）參問倭地、絶在海中洲島之上。或絶或連、周旋可五千餘里。

倭の地〔理〕を参問するに、絶えて、海中、洲島の上に在り。或いは絶え、或いは連なり、周旋《しゅうせん》、五千余里可《ばか》りなり。「倭国伝　中国正史に描かれた日本」（①藤堂・竹田・影山　2010）

【現代語訳】

倭の地理を聞き合わせてみると、大陸から離れて、海中の島の上にある。倭の国々は、あるものは離れ島であり、あるものは続いていて、周囲五〇〇〇里ほどである。

【解説】

ここのキーワードは「周旋」である。通説は「周囲」と同義と解釈されている。ただし、山田孝雄氏のように「自ら旋転して行動する」という意味であり、「物の大きさをいう語ではない」という説もある（⑫奥野　2010　p164〜165）。これに対し奥野正男氏は、呉志一九諸葛恪伝の記述を引用し、周旋という語が物の大きさを表す意で使用されていることを述べている（⑫奥野　2010　p165）。

周旋＝周囲とすれば、倭国は周囲五〇〇〇里となる。仮にその大きさを円に例えれば、半径約八〇〇里となる。この里数を魏・西晋短里説で解釈すると半径六〇㎞となり、これは現在の福岡県と佐賀県がほぼ収まる大きさであり、九州説と整合する。

なお、この周旋五〇〇〇里は倭国の大きさを表す意ではなく、南方に点在する裸国や黒歯国の範囲を表す意であるとする謝銘仁氏の説もあるので参考としたい（②謝　1990　p184）。

4　倭国の外交

（1）景初二年六月、倭女王遣大夫難升米等詣郡、求詣天子朝獻。太守劉夏遣、遣吏將送詣京都。

其年十二月、詔書報倭女王曰、制詔親魏倭王卑彌呼。帶方太守劉夏遣使送汝大夫難升米・次使都市牛利、奉汝所獻男生口四人・女生口六人・斑布二匹二丈、以到。汝所在踰遠、乃遣使貢獻。是汝忠孝、我甚哀汝。今以汝爲親魏倭王、假金印・紫綬、裝封付帶方太守假授汝。其綏撫種人、勉爲孝順。汝來使難升米・牛利渉遠、道路勤勞。今以難升米爲率善中郎將、牛利爲率善校尉、假銀印・青綬、引見勞賜遣還。今以絳地交龍錦五匹・絳地縐粟罽十張・蒨絳五十匹・紺青五十匹、答汝所獻貢直。又特賜汝紺地句文錦三匹・細班華罽五張・白絹五十匹・金八兩・五尺刀二口・銅鏡百枚・眞珠・鉛丹各五十斤、皆裝封付難升米・牛利還到錄受。悉可以示汝國中人、使知國家哀汝、故鄭重賜汝好物也。

景初二年六月、倭の女王、大夫難升米《なとめ》等《ら》を遣わして〔帯方〕郡に詣《いた》らしめ、天子〔のもと〕に詣《いた》りて朝献せんことを求む。〔郡の〕太守劉夏《りゅうか》、吏を遣わし将い送りて京都《けいと》に詣《いた》らしむ。其の年の十二月、詔書ありて倭の女王に報《こた》えて曰く、「親魏倭王卑弥呼《しんぎわおうひめこ》に制詔《せいしょう》す。帯方の太守劉夏《りゅうか》、使いを遣わして汝の大夫難升米《なとめ》・次使都市牛利《つしごり》を送り、汝の献ずる所の男生口四人・女生口六人・班布《はんぷ》二匹二丈を奉り、以《も》ちて到る。汝の在る所は踰遠《ゆえん》なるに、乃《すなわ》ち使いを遣わして貢献す。是れ汝の忠孝なり、我甚《はなは》だ汝を哀れむ。今汝を以って親魏倭王《しんぎわおう》と為し、金印・紫綬《しじゅ》を仮《あた》え、装封して帯方の太守に付して汝に仮授せしむ。それ種人に綏撫《すいぶ》し、勉めて孝順を為せ。汝の来使難升米《なとめ》・〔都市《つし》〕牛利《ごり》、遠きを渉《わた》り、道路にて勤労す。今、難升米《なとめ》を以って率善中郎将《そつぜんちゅうろうしょう》と為し、牛利《ごり》を率善校尉《そつぜんこうい》と為し、銀印・青《せい》綬《じゅ》を仮え、引見して労《ねぎら》い賜《たま》いて遣還す。今、絳地《こうじ》の交竜錦《こうりゅうきん》五匹・絳地《こうじ》の縐粟罽《すうぞくけい》十張・蒨絳《せんこう》〔のきぬ〕五十匹・紺青《こんじょう》〔のきぬ〕五十匹を以って、汝の献ずるの所の貢直《こうち》に答う。又特に汝の紺地の句《く》文錦《もんきん》三匹・細班華罽《さいはんかけい》五張・白絹五十匹・金八両・五尺の刀二口・銅鏡百枚・真珠・鉛丹各《おのおの》五十斤を賜ふ。皆装封して難升米《なとめ》・牛利《ごり》に付し、還り到りて録受せしむ。悉《ことごと》く〔それを〕以って汝の国中の人に示し、〔わが〕国家の汝を哀れむ故に、鄭重《ていちょう》に汝に好《よ》き物を賜いしことを知らしむべきなり」と。「倭国伝　中国正史に描かれた日本」（①藤堂・竹田・影山　2010）

【現代語訳】

魏の明帝の景初二（二三八）年六月、倭の女王卑弥呼は大夫難升米らを帯方郡に遣わし、魏の天子に拝謁し貢物を献上したいと申し出た。郡の太守劉夏は、役人を遣わして難升米らを魏の都まで送って行かせた。その年の一二月、倭の女王に詔書で返礼し、いうことには、「親魏倭王卑弥呼へ詔勅する。帯方郡の太守劉夏が送りとどけた汝の大夫（正使の）難升米、副使の都市牛利らが、汝の献上品である男奴隷四人、女奴隷六人、斑織の布二匹二丈を持って到着した。汝の住むところは、海山を越えて遠く、それでも使いを遣わして貢ぎ物を献上しようというのは、汝の忠孝であり、余は非常に汝を健気に思う。さて汝を親魏倭王として、金印・紫綬を仮に与える。封印して、帯方郡の太守にことづけ汝に仮に授ける。それで倭人たちを慰めいたわり、余に孝順をつくすようにしなさい。汝の遣わした使い、難升米・都市牛利は遠いところを苦労して来たので、今、難升米を率善中郎将、都市牛利を率善校尉とし、銀印・青綬を仮に与え、余が直接会ってねぎらい、贈り物を与えて送りかえす。そして深紅の地の交竜の模様の錦五匹、同じく深紅の地のちぢみの毛織り一〇枚、茜色の絹五〇匹、紺青の絹五〇匹で、汝の献上した貢ぎ物の返礼とする。また、そのほかに、特に汝に紺の地の小紋の錦三匹とこまかい花模様の毛織物五枚、白絹五〇匹、金八両、五尺の刀二振、銅鏡一〇〇枚、真珠・鉛丹おのおの五〇斤、みな封印して難升米・都市牛利に持たせるので、着いたら受け取るように。その賜り物をみな汝の国の人に見せ、魏の国が汝をいつくしんでおり、それ故汝によい物を下賜したことを知らせよ」と。

【解説】

まず、冒頭の景初二（AD二三八）年六月の記載であるが、これは景初三（AD二三九）年六月の誤りであるという説が一般的である。遼東から朝鮮半島北部にかけて領有し、燕王を名乗って独立していた公孫淵を魏が討伐したのが景初二年八月であり、それまでは帯方郡付近は公孫淵の支配下にあったからである（⑦鳥越 2004 p118～119）。後の『梁書』（⑦鳥越 2004 p168）や『北史』（⑦鳥越 2004 p207）では「至魏景初三年、公孫淵誅後、卑弥呼始遣使朝貢～」と修正されている。日本書紀にも神功皇后三九年の記述に、「魏志に云はく、明帝の景初三年六月に、倭の女王、大夫難斗米等を遣わし～」とある（⑱宇治谷 1988 p201）。ここまで客観的な証拠があるのであるから、この記載誤り説は間違いなかろうと思われる。

なお、日本書紀では、卑弥呼が神功皇后であると暗に述べている。この件に関しては、種々の矛盾が生じてしまうため、九州論者・畿内論者双方とも賛同する研究者は少ない。吉村武彦氏はこの誤りに関し「このように『書紀』の編者は、『魏志』を通じて倭国に卑弥呼がいたことは知っていたが、ヤマト王権の王の系譜や伝承の中には卑弥呼はいなかったと解釈するのが一番いいのではないかと思っています」と述べている（㉕石野　２０１１　ｐ１２０）。そして、「ヤマト王権の伝承に卑弥呼が含まれていれば、別の扱いになったと思います。つまりヤマト王権の伝承に卑弥呼はいなかったと思います。したがって、卑弥呼の没後にヤマト王権の歴史が始まったと考えます」と結論付けている（㉕石野　２０１１　ｐ１２１）。氏は畿内論者であるが、邪馬台国とヤマト王権の連続性を否定している。私は九州論者であるが、邪馬台国とヤマト王権の連続性をある程度は肯定する。記紀では、古代畿内にあった銅鐸文化の伝承を伝えていないが、九州を中心に栄えた銅矛文化の伝承が伝えられた。そして、卑弥呼は「日の巫女」、つまり、「天照大神」として伝承されたのである。

では何故、日本書紀の編者はこのように誤ってしまったのだろうか。それは、伝承された天皇の即位年と在位期間にある。伝承の皇紀による神武天皇の即位はＢＣ六六〇年である。天照大神の時代は当然それより前になるわけで、それに疑念を持っていなかったかはわからないが、書紀の編者はそれを否定はできなかった。

しかし書紀の編者は、卑弥呼の時代は三世紀であることは知っていた。つまり、卑弥呼を天照大神とすることは出来なかったのである。そこで卑弥呼の同時代の登場人物を探してみると、伝承に拠る限りでは、神功皇后の摂政即位がＡＤ二〇一年、没年がＡＤ二六九年であり、卑弥呼の時代と一致したということである。しかも、魏志にある景初三年の魏への遣使の件については、神功皇后三九年に記載されており、伝承の皇紀が正しいとすれば、ＡＤ二三九年であり、全く一致する。同様に、正始元年及び、正始四年の遣使についても全く一致するのである。ただし、書紀の編者も卑弥呼が神功皇后であるという解釈には疑念を感じていたようであり、卑弥呼＝神功皇后であるとの断言にまでは到ってはいない（⑱宇治谷　１９８８　ｐ２０１～２０２）。

次に、「銅鏡百枚」の記述である。この銅鏡は「三角縁神獣鏡」である説は根強く、邪馬台国畿内説の拠り所となっている。そして、四世紀以降の遺跡から発掘される点については「伝世」、当の中国から一点も発見されない点については、「特鋳」などの説を展開し補強している。ここまでして三角縁神獣鏡を卑弥呼の鏡にしなくてはならない理由が私にはわからない。

奥野正男氏は、弥生時代の鏡三五一面のうち三二五面が九州地方の出土であることを指摘し、「邪馬台国の時代が、弥生時代の後期にあたるという今日の通説的知見にたつかぎり、その時代の鏡を検討する際、疑いなく弥生時代の遺跡から出土しているこの三五一面を対象からはずし、後代の古墳時代の鏡をとりあげるというのは、どのような理由をつけようとも学問的に妥当なこととはいえない」と提唱し、この弥生時代の鏡で最も多い中国鏡である「方格規矩四神鏡」を卑弥呼の鏡の第一候補としている（⑫奥野　２０１０　ｐ１８７～１８８）。そして、三角縁神獣鏡を卑弥呼の時代より後の国産鏡としている（⑫奥野　２０１０　ｐ２１０）。この考えが、「伝世」や「特鋳」などの説で説明するより自然であろうと私は考える。

王仲殊氏は三角縁神獣鏡が、魏鏡より呉鏡と類似している点、及び呉鏡とも異なっている点に注目し、「いわゆる舶載鏡とされる日本出土の三〇〇余面の三角縁神獣鏡は、実は、呉の職人が海を渡って東方の日本に行き、その日本で作ったものであると言わざるをえないのである」⑲王　１９９８　p25）と述べている。

また新井宏氏は、鉛同位体比の分析結果から「三角縁神獣鏡は魏鏡ではない」と結論づけている。氏によれば、韓国産又は、日本産の鉛が添加されているとのことである③新井　２００７　p72～74）。三角縁神獣鏡が卑弥呼の鏡であるという説が理系の分析からも否定されたのである。

これらの説により、邪馬台国畿内説の支柱の一つが崩れたと私は考える。なお銅鏡に関しては、「第3章　考古学的検証」で再度述べたい。

また、この朝貢により、卑弥呼は親魏倭王として金印・紫綬を授けられることになる。これが今回の朝貢の目的であっただろうと考える。つまり、大国である魏の後ろ盾がほしかったのである。逆を返せば、邪馬台国は倭国の大国ではあるもの、まだ倭国を統一していないということである。そして、後述するように狗奴国との戦闘も発生する。加えて、使者の難升米や都市牛利までも、官職と銀印・青綬を授けられている。これは後の日本の武家政権時代に、幕府や大名から与えられる役職とは別に、朝廷から与えられた形式的な官職を彷彿させる。しかし、この時代においては、魏の役職としては形式であったであろうが、倭に帰国後、政治の舞台や戦場で魏帝の名のもとに振る舞えるという実質的な効果もあったと思われる。彼ら二人は女王国において、政府高官又は軍の司令官としての地位が保証されたとも考えられる。魏の官職を持つものを失脚させるのは難しいであろう。なお、森浩一氏はこの難升米を倭人伝に登場する大国奴国の王族の可能性を提唱している（⑨森　２０１０　p１１４～１１６）。

最後に、魏からの下賜品である。倭から魏への献上品は、男女生口一〇人と斑織りの布二匹二丈のみである。それに対して魏は、本文に記載のとおり莫大な下賜品を授けている。今後日本は一〇〇〇年以上断続的に中国と朝貢貿易をおこなうのであるが、朝貢貿易が日本にとって莫大な実利があったことがうかがえる。

(2)正始元年、太守弓遵遣建中校尉梯儁等奉詔書・印綬詣倭國、拜假倭王。并齎詔賜金・帛・
錦・罽・刀・鏡・采物。倭王因使上表答謝恩詔。

正始元年〔帯方郡の〕太守弓遵《きゅうじゅん》、建中校尉梯儁《けんちゅうこういていしゅん》等《ら》を遣わし、詔書・印綬を奉《ほう》じて倭国に詣《いた》り、倭王に拝仮《はいか》す。幷《なら》びに詔を齎《もたら》し、金・帛《はく》・錦《きん》・罽《けい》・刀・鏡・采物《さいぶつ》を賜う。倭王遣いに因《よ》りて表を上《たてまつ》り、恩詔に答謝す。「倭国伝　中国正史に描かれた日本」（①藤堂・竹田・影山　２０１０）

【現代語訳】

正始元（二四〇）年、帯方郡の太守弓遵は建中校尉梯儁らを遣わし、詔と印綬を倭国に奉じて赴き、倭王に拝謁した。そして、詔書と共に、黄金・白絹・錦・毛織物・刀・鏡、彩色文章を施したものを下賜した。そこで倭王は、使者に託して上奏文を奉り、詔書に答礼の言葉を述べた。

【解説】

第一回目の朝貢の翌年には、帯方郡の使者、梯儁は倭に遣使され、倭王（卑弥呼）に印綬と下賜品を送り届けることになる。その中に「錦」がある。布目順郎氏によると、「朝鮮半島南部では養蚕は行われていたが、養蚕生産物の中に錦がないことは、錦のような高級品を織る技術を持たなかったことを表す」と述べている（⑥布目　1999　p106～107）。当時の東アジアにおいて中国が特別な存在であったことがわかる。

（3）其四年、倭王復遣使大夫伊聲耆・掖邪狗等八人、上獻生口・倭錦・絳青縑・緜衣・帛布・丹木・𤝔・短弓矢。掖邪狗等壹拜率善中郎將印綬。

其の四年、倭王、復《ま》た使いの大夫伊声耆《いとぎ》・掖邪狗《やざくら》等八人を遣わし、生口・倭錦《わきん》・絳青縑《こうせいけん》・緜衣《めんい》・帛《はく》布《ふ》・丹木・𤝔《ふ》・短き弓と矢を上献す。掖邪狗《やざくら》等、壱《ひとし》く率善中郎将《そつぜんちゅうろうしょう》の印綬《いんじゅ》を拝す。「倭国伝　中国正史に描かれた日本」（①藤堂・竹田・影山　2010）

【現代語訳】

正始四（二四三）年、倭王はまた、大夫の伊声耆・掖邪狗ら八人を使者として遣わし、奴隷・倭の錦・赤糸と青糸で織った絹の布・紬の衣服・絹の布・丹木・木の小太鼓・短い弓と矢を献上した。掖邪狗ら八人とも、率前中郎将の印綬を賜った。

【解説】

印綬を授かった三年後に、倭王は二度目の遣使を行った。今回の献上品は前回に比べ豪華である。特に注目されるのは「倭錦」である。前頁で朝鮮半島にも存在しなかったと述べた「錦」を倭が献上していることである。三年前に下賜された「錦」を分析し、開発したものではなかろうかと私は考える。当然品質はオリジナルより相当劣悪であろうが、日本人の優れた技術等をコピーする能力の高さについて、今に通じるものがあると考える。魏もその献上品を見て、倭国侮りがたしと感じたのではなかろうか。

そのためか否かわからないが、今回は「率前中郎将の印綬（銀印青綬）」を八人に下賜している。大盤振る舞いに感じられる。当時はまだ三国時代であり、呉も蜀も健在である。倭と呉の交流があったとする説もあり（⑲王　1998　p25）、魏としては倭国を確実に魏の配下に組み入れておきたかったとも考えられる。二三九（景初三）年に曹叡が早世し、養子の曹芳が後継となった。後見は一族の曹爽と重臣の司馬懿に託されたが、司馬懿は曹爽らにより閑職に追い込まれた。後に司馬懿と息子の司馬師が、二四九年にクーデターを起こし権力を掌握するわけであるが、この時代、魏朝内部も不安定な状態であったことも倭国厚遇を後押ししたのであろう。

(4)其六年、詔賜難升米黄幢、付郡假授。

その六年、詔して倭の難升米《なとめ》に黄幢《こうどう》を賜い、〔帯方〕郡に付《ふ》して仮授せしむ。「倭国伝　中国正史に描かれた日本」（①藤堂・竹田・影山　2010）

【現代語訳】

正始六（二四五）年、詔を発して倭の難升米に、軍の指揮に用いる黄色の旗（軍旗）を、帯方郡の太守の手を通して仮に授けた。

【解説】

二回目の遣使から二年後に、難升米が帯方郡にて黄幢を下賜されるわけであるが、鳥越憲三郎氏によると黄幢とは軍旗である。また氏は、次の正始八年の記載も参考にし、難升米は邪馬台国の将軍と推量している（⑦鳥越　2004　p124～125）。

（5）其八年、太守王頎到官。倭女王卑彌呼與狗奴國男王卑彌弓呼素不和、遣倭載斯・烏越等詣郡、説相攻伐狀。遣塞曹掾史張政等因齎詔書・黄幢、拜假難升米爲檄告喩之。

其の八年〔帯方郡の〕太守王頎《おうき》、官に到る。倭の女王卑弥呼《ひめこ》、狗奴国《くなこく》の男王卑弥弓呼《ひめくこ》と素《もと》より和せず。倭の載斯《そし》・烏越《うおら》等を遣わして郡に詣《いた》り、相《あい》攻伐する状を説く。塞の曹掾史《そうえんし》張政《ちょうせい》等《ら》を遣わし、因りて詔書・黄幢《こうどう》を齎《もたら》し、難升米《なとめ》に拝仮せしめ、檄《げき》を為《つく》りて之を告喩《こくゆ》せしむ。「倭国伝　中国正史に描かれた日本」（①藤堂・竹田・影山　2010）

【現代語訳】

正始八（二四七）年、帯方郡の太守、王頎が着任した。倭の女王卑弥呼は、狗奴国の男王卑弥弓呼と以前から仲が悪かったので、倭の載斯・烏越らを帯方郡に遣わし、お互いに攻めあっている様子を述べさせた。帯方郡では、国境守備の属官の張政らを遣わし、彼に託して詔書と黄色の軍旗を持っていかせて、難升米に仮に授け、おふれを書いて告げ諭した。

【解説】

前回、黄幢を下賜された二年後、邪馬台国は帯方郡に遣使する。理由は狗奴国との戦争である。戦局が深刻であるため、邪馬台国は魏に救援を依頼したと推察される。当然、本当の援軍を出兵させることはないものの、魏としては朝貢国の苦境を無視はできず、使者の張政を派遣し、檄文と黄幢を難升米に下賜することとなる。ここで檄文の内容は示されていないが、謝銘仁氏は停戦勧告としており（②謝　1990　p55）、私も同意する。今回も黄幢の下賜先は難升米である。彼は邪馬台国連合軍の最高司令官程度の地位と推量される。森浩一氏は、当時すでに卑弥呼は倭の宮廷の大夫達から見放されつつあり、実力者が難升米になったと推量している（⑨森　2010　p155～156）。なお、誰に「告諭」したかという点においても、卑弥呼であるという説（①藤堂・竹田・影山　2010　p113）と難升米であるという説（②謝　1990　p54）がある。

(6)卑彌呼以死、大作冢。徑百餘歩。狥葬者奴婢百餘人。更立男王、國中不服。更相誅殺。當時殺千餘人。亦立卑彌呼宗女壹與、年十三爲王。國中遂定。政等以檄告喩壹與。壹與遣倭大夫率善中郎將掖邪狗等二十人送政等還。因詣臺、獻上男女生口三十人、貢白珠五千・孔青大句珠二枚・異文雜錦二十匹。

卑弥呼《ひめこ》以《すで》に死し、大いに冢《つか》を作る。径百余歩なり。狥葬する者奴婢百余人なり。更《あらた》めて男王を立つれども、国中服せず。更に相誅殺《あいちゅうさつ》す。当時千余人を殺す。〔倭人〕復《ま》た卑弥呼《ひめこ》の宗女壱与《そうじょとよ》、年十三なるものを立てて王と為す。国中遂に定まる。〔張《ちょう》〕政等檄《せいらげき》を以って壱与《とよ》に告喩す、壱与《とよ》、倭の大夫率善中郎将掖邪狗等《そつぜんちゅうろうしょうやざくら》二十人を遣わし、〔張《ちょう》〕政等《せいら》を送りて〔郡に〕還らしむ。〔倭の使い〕因《よ》って台に詣《いた》り、男女の生口三十人を献上し、白珠五千・孔青大句珠二枚・異文の雑錦二十匹を貢《みつ》ぐ。「倭国伝　中国正史に描かれた日本」（①藤堂・竹田・影山　2010）

【現代語訳】

使者の張政らが到着した時は卑弥呼はもう死んでいて、大規模に直径百余歩の塚を作っていた。殉葬した男女の奴隷は、百余人であった。代わって男王を立てたが国中それに従わず、殺しあいをして、当時千余人が死んだ。そこでまた、卑弥呼の一族の娘で台与という一三歳の少女を立てて王とすると、国がようやく治まった。そこで張政らはおふれを出して台与に告げ諭した。台与は倭の大夫、率善中郎将掖邪狗ら二〇人を遣わして張政らを送って行かせた。倭の使いはそのついでに魏の都まで行って、男女の奴隷三〇人を献上し、白珠五〇〇〇、青い大勾玉二個、めずらしい模様の雑錦二〇匹を、貢ぎ物としてさし出した。

【解説】

まず「卑弥呼以死」の解釈である。井沢元彦氏は松本清張氏の解釈を引いて、「卑弥呼は~の理由で死んだ」と解釈し、卑弥呼殺害説を展開している（⑳井沢　1998　p252~253）。これに対し謝銘仁氏は、松本・井沢両氏と同様の解釈をしている阿部秀雄氏や奥野正男氏の解釈を否定し、「卑弥呼は既に死んでいた」と解釈している。謝氏によれば、なんらの理由も述べずに、突然「卑弥呼以って死す」という表現法は、素人の文章でない限り考えられないとのことであり、そしてこの「以」は、「已」と通じるところの同音異義字、「すでに」という意味があるとのことである。一般的な日本語訳はこれに拠っているようである。

これに対し森浩一氏は、岡本健一氏の「以死」は中国史書の用例は自然死ではなく、「非業の死を遂げたもの」であるという調査結果を引用し、「檄を作って告喩した。（そのことによって）卑弥呼は死んだ」と解釈し、「卑弥呼自殺説」を提唱している（⑨森　２０１０　p１６０～１６１）。

次に「大作冢、徑百餘歩」である。魏代の百歩は一四四ｍである。これは奈良県の箸墓古墳の後円部の直径一五〇ｍとほぼ一致し、「箸墓卑弥呼の墓説」（邪馬台国畿内説）の拠り所となっている。しかし、箸墓は円墳ではなく、全長二七八ｍの巨大前方後円墳である。炭素14法による年代測定で、箸墓古墳の築造年代を従来の説より一〇〇年も早い三世紀とする説も登場し、「卑弥呼の墓説」を補強したものの、安本美典氏はその測定方法に疑問を呈している（㊹安本　２００９）。

小澤一雅氏は卑弥呼の支配人口は二三万人と計算し、箸墓古墳の造営は困難と提唱している。また氏によれば、崇神天皇（四世紀中頃と推定）の支配人口は七〇万人で箸墓古墳の造営は可能であるとのこと（⑤小澤　２００９　p１２０～１２１）。畿内論者の鳥越憲三郎氏でさえ、「当時はまだ古墳時代に入っておらず、周溝墓の形式であったとみてよい。墓の径が百餘歩となっているが、「百」は数の多いことの比喩にすぎない」と述べている（⑦鳥越　２００４　p１２６～１２７）。

また、高島忠平氏は「径百余歩とは、後漢の皇帝の墓に近い規模です。（中略）証書以外の数字は実態とかけ離れた数字で、信用して使うべきでないと思います」と述べている(㉕石野 2011 p50)。私の卑弥呼の墓(塚)のイメージは、径十数m～数十mの円墳である。なお、卑弥呼の墓については第3章で述べる。

卑弥呼の死後、男王を立てたが国は治まらず、卑弥呼一族の台与を立てるのである。これを記紀による「天の岩戸」と重ね合わせる研究者は多い。「卑弥呼＝天の岩戸前のアマテラス」「台与＝天の岩戸後のアマテラス」「卑弥呼の死＝天の岩戸事件」という仮説である。そして私は、「卑弥弓呼＝スサノオ」「北部九州＝高天原」と推測するが、これも同様の説を唱える研究者は多い(㉒加藤 1994 p44など)。邪馬台国と狗奴国は北部九州の覇権を争ったことが、高天原でアマテラスとスサノオが争う神話になったと考える。記紀において、明らかにスサノオは高天原で破壊活動をおこなっており、これはスサノオが高天原に攻め込んだと解釈するのが妥当であろう。その結果が天の岩戸である。このシーンを魏志倭人伝に置き換えれば、狗奴国が邪馬台国に攻め込み、その結果、卑弥呼が死んだということであると考える。つまり、邪馬台国は一度敗退したのである。魏に救援を求めているのであるから戦局は相当悪化していたのは間違いないと思われる。

その後、神々が天の安川で対策会議をするが、これが邪馬台国連合の各首長(国王)の狗奴国対策会議であろう。そして、対策会議の結論としてアマテラスを天の岩戸から引きずり出したことが、台与の即位ではなかろうか。この仮説が正しいとすれば、魏志倭人伝には描かれていないが、その後、新女王台与(新アマテラス)の下、邪馬台国は狗奴国に勝利し、狗奴国は滅亡したこととなる。記紀の天の岩戸に関する記述との比較については、第2章「古事記の解釈」で再度述べる。

また、「天の岩戸」事件を皆既日食と推定する研究者は多いが、私もその一人である。加藤真司氏は、二四七年三月二四日の日食を天の岩戸事件と推定している。氏によれば、最大日食時刻は日没一〇分前であり、周りにコロナが浮き出た黒い太陽が水平線に没していくという感動的なシーンが現れたであろうとのことである（㉒加藤　1994　p40〜47）。

卑弥呼の死後、台与を立てて、その後魏の使者である張政を帯方郡に送り、その使節はその足で魏の都まで行って朝貢する。木佐敬久氏は、この朝貢を魏に対してではなく、魏から禅譲を受けた王朝である「西晋」に対しての朝貢であると提唱している。三国志に続く中国の正史『晋書』に、「秦始二（二六六）年十一月己卯、倭人、来たりて方物を献ず。」とあり、これが魏志倭人伝にある台与の遣使というのである。前年の二六五年には、魏の五代皇帝の曹奐は司馬炎に禅譲し、魏は滅び西晋が成立している。この台与の遣使に関して、卑弥呼の時の遣使と違い年号がないのは、魏への遣使ではなく西晋への遣使だからであり、『魏志』に載せるわけにはいかないからだと提唱している（㊿木佐　2016　p42〜44）。

木佐氏の説によれば、魏使の張政は足かけ二〇年も倭に滞在したことになる。そして魏志倭人伝の内容は、この張政がもたらしたものであるとしており、極めて正確に記述されているとしている。そして木佐氏はその根拠を、三国志東夷伝の中に次のように見出している。

東夷伝の序文に「長老説くに、『異面の人有り、日の出づる所に近し。遂に諸国を周観し其の法俗を采るに、小大区別し、各名号あり。得て詳記す可し。』（長老が説いた。『異面の人がいて、そこは日が出る所に近い。（私は）遂に諸国を見てまわり、その制度や習俗を採集して、小から大まですべてを区別し、それぞれに名前も記録した。（あなたは）それら現地の記録を得て、詳しく順序立てて記してほしい。』）」とある（㊿木佐　２０１６　p72～73）。「異面＝入れ墨をした顔」の人がはるか東方に住んでいるから、そこはまさしく倭国であり、この「長老」は倭国を詳しく視察している（㊿木佐　２０１６　p89）。木佐氏は「長老」が説得する相手は、諸国の法俗を「詳記」する立場にある三国志の著者・陳寿であるとし、「長老」は倭国に二〇年滞在した「張政」であるとしている（㊿木佐　２０１６　p82～83）。三国志が執筆されていたのは二七〇年代と推定され、張政が倭に派遣された年齢を三〇歳代と推定すれば、六〇歳代に達している。当時陳寿は四〇歳代であり、陳寿からみた張政は十分長老に値するというのである（㊿木佐　２０１６　p84～85）。

以上により木佐氏は、「魏志倭人伝」は極めて正確に記載されているとしている。この説に関しては、私も非常に参考とさせていただいた。

第2章　古事記の解釈

次に古事記の解釈を行いたい。日本古代史の解明に特に重要と思われる箇所について記載した。原文及び、訳文は主に、「古事記（上）（中） 次田真幸 著 講談社学術文庫」を用い、「口語訳 古事記［完全版］ 三浦佑之 訳・注釈 文芸春秋」も参考とした。また、私の解釈に参考・引用した文献についてはその都度記載している。

1 イザナキとイザナミ

（1）天の沼矛

ここに天《あま》つ神 諸《もろもろ》の命《みこと》もちて、伊邪那岐命《いざなきのみこと》・伊邪那美命《いざなみのみこと》二柱《ふたはしら》の神に、「このただよへる国を修《おさ》め理《つく》り固め成せ」と詔《の》りて、天《あめ》の沼矛《ぬぼこ》を賜ひて、言依《ことよ》さしたまひき。かれ、二柱の神天《あめ》の浮橋《うきはし》に立たして、その沼矛《ぬぼこ》を指《さ》し下《お》ろして画《か》きたまえば、塩こをろこをろに画き鳴《な》して引き上げたまふ時、その矛の末《さき》より垂《したた》り落つる塩、累《かさ》なり積もりて島となりき。これ淤能碁呂島《おのごろしま》なり。

【現代語訳】

そこで天つ神一同のお言葉で、イザナキノ命・イザナミノ命二柱の神に、「この漂っている国土をよく整えて、作り固めよ」と仰せられて、神聖な矛を授けて御委任になった。そこで二柱の神は、天地の間に架かった梯子の上に立たれ、その矛をさし下ろしてかき廻されたが、潮をごろごろとかき鳴らして引き上げられる時、その矛の先からしたたり落ちる潮水が、積もり重なって島となった。これがオノゴロ島である。

【解説】

国土創造神話の始まりである。二神は最初の国土とも言える「オノゴロ島」を造り、そこで次に続く「国生み」を行うのである。ここで注目するのは、オノゴロ島を造るために使用した「天の沼矛」である。「沼矛《ヌボコ》」とは、「瓊矛」であり、玉で飾った矛を意味し、天つ神が委任の印として授ける聖器である（⑮次田　1977　p42～43）。魏志倭人伝には使用している兵器に「矛」が登場する。我が国の銅矛の分布は九州北部と四国西部に偏在しており、畿内ではほとんど出土せず、奈良県での出土例はない。いわゆる「銅矛文化圏」である。

つまり、国土創造の神話は矛を聖器とする地域で造られ、邪馬台国では矛を兵器として使用しており、その分布は九州北部と四国西部であるということである。ここから国土創造神話の発祥地＝邪馬台国＝九州北部という等式が導きだせると考える。

なお、古田武彦氏は「古代の国々は矛から生まれた」と述べ、「矛の独占する国土創生神話は、銅矛圏の中で生み出された神話である」と提唱している（⑩古田　1991　p17～20）。私もこれに同意する。

（2）国生み

かく言ひ竟《を》へて、御合《みあい》して生みし子は、淡路之穂之狭別島《あわぢのほのさわけのしま》。次に伊予之二名島《いよのふたなのしま》を生みき。この島は身一つにして面《おも》四つあり。面毎《おもごと》に名あり。かれ、伊予国《いよのくに》を愛比売《えひめ》と謂《い》い、讃岐国《さぬきのくに》を飯依比古《いいよりひこ》と謂い、粟国《あはのくに》を大宜都比売《おほげつひめ》と謂い、土佐国《とさのくに》を建依別《たけよりわけ》と謂う。次に隠伎之三子島《おきのみつごのしま》を生みき。亦の名は天之忍許呂別《あめのおしころわけ》。次に筑紫島《つくしのしま》を生みき。この島も身一つにして面《おも》四つあり。面毎に名あり。かれ、筑紫国を白日別《しらひわけ》と謂い、豊国《とよのくに》を豊日別《とよひわけ》と謂い、肥国《ひのくに》を建日向日豊久士比泥別《たけひむかひとよくじひねわけ》と謂い、熊曾国《くまそのくに》を建日別《たけひわけ》と謂う。次に伊伎島《いきのしま》を生みき。亦の名は天比登都柱《あめひとつばしら》と謂う。次に津島《つしま》を生みき。亦の名は天之狭手依比売《あめのさでよりひめ》と謂う。次に佐渡島《さどのしま》を生みき。次に大倭豊秋津島《おおやまととよあきづしま》を生みき。亦の名は天御虚空豊秋津根別《あまつみそらとよあきづねわけ》と謂う。かれ、この八島《やしま》を先に生みしによりて大八島国《おおやしまくに》と謂う。

【現代語訳】

このように謂い終わって、結婚して生まれた子は、淡路之穂之狭別島《あわぢのほのさわけのしま》（淡路島）である。次に伊予《いよ》之二名島《のふたなのしま》（四国）を生んだ。この島は身体が一つで顔が四つある。それぞれの顔に名があって、伊予国をエヒメといい、讃岐国をイイヨリヒコといい、阿波国をオホゲツヒメといい、土佐国をタケヨリワケという。次に三つ子の隠岐島を生んだ。またの名をアメノオシコロワケという。次に筑紫島（九州）を生んだ。この島も身体は一つで顔が四つある。それぞれの顔に名があって、筑紫国をシラヒワケといい、豊国をトヨヒワケといい、肥国をタケヒムカヒトヨクジヒネワケといい、熊曾国をタケヒワケという。次に壱岐島生んだ。アメヒトツバシラという。次に対馬を生んだ。またの名をアメノサデヨリヒメという。次に佐渡島を生んだ。次に大倭豊秋津島《おおやまととよあきづしま》を生んだ。またの名をアマツミソラトヨアキヅネワケという。そしてこの八つの島を先に生んだので、わが国を大八島国という。

【解説】

先に述べたとおり、イザナキとイザナミの二神は「天の沼矛」で潮をかき回して「オノゴロ島」を造り（⑮次田　1977　p40〜41、⑱宇治谷　1988　p18〜19）、そこで国生みを行なうのである。島生みと言ってもよいのかもしれない。生んだ島は、「淡路之穂之狭別島《あわじのほのさわけのしま》（淡路島）」、「伊予之二名島《いよのふたなのしま》（四国）」、「隠岐島《おきのしま》（隠岐諸島）」、「筑紫島（九州）」、「壱岐島《いきのしま》」、「対馬《つしま》」、「佐渡島《さどしま》」、「大倭豊秋津島《おおやまととよあきづしま》（本州）」の八つの島である（⑮次田　1977　p45〜47）。

そして、この八つの島のうち国名が記載されているのは、「伊予之二名島（四国）」と「筑紫島（九州）」だけである。四国では「伊予国（愛媛県）」、「讃岐国（香川県）」、「阿波国（徳島県）」、「土佐国（高知県）」、九州では「筑紫国（福岡県西部）」、「豊国（福岡県東部・大分県）」、「肥国（佐賀県・長崎県・熊本県（北部？））」、「熊曾国（熊本県南部？・鹿児島県？）」の八国である。加藤真司氏はこのことに注目し、二神が造った国々はこの八国だけとし、その範囲が「銅矛文化圏」とほぼ一致すると述べている。そして「広型銅矛祭器を使っていた種族が古事記に登場する神々の一族である」と提唱している

（㉒加藤　1994　p19～20）。私はこの考えにも、同意するところが多い。

2　アマテラスとスサノオ

（1）スサノオの高天原進軍

かれ、ここに速須佐之男命言《まを》さく「然らば天照大御神に請《まを》して罷らむ」とまをして、すなはち天《あめ》に参上《まゐのぼ》る時、山川悉《ことごと》に動《とよ》み国土《くにつち》皆震《ゆ》りき。ここに天照大御神聞き驚き詔《の》りたまはく、「我《あ》がなせの命の上《のぼ》り来る由《ゆゑ》は、必ず善き心ならじ。我《あ》が国を奪はんと欲《おも》ふにこそあれ」とのりたまいて、即ち御髪《みかみ》を解き、御《み》みづらを纏《ま》きて、すなはち左右の御みづらにも御鬘《みかづら》にも、左右の御手《みて》にも各八《や》尺《さか》の勾璁《まがたま》の五百箇《いほつ》のみすまるの珠を纏《ま》き持ちて、そびらには千入《ちのり》の靫《ゆぎ》を負い、ひらには、五百入《いほのり》の靫《ゆぎ》を附け、亦いつの高鞆《たかとも》を取り佩《お》ばして、弓腹《ゆはら》振り立てて、堅庭《かたには》は向股《むかもも》に踏みなづみ、沫雪《あわゆき》如《な》す蹶《く》ゑ散《はらら》かして、いつの男建《おたけ》び踏み建《たけ》びて待ち問ひたまわく、「何の故にか上《のぼ》り来つる」と問ひたまわき。

ここに速須左之男命答へて白《まを》さく、「僕《あ》は邪《きたな》き心なし。ただ大御神の命《みこと》もちて、僕《あ》が哭《な》きいさちる事を問ひたまひし故に白《まを》しつらく、『僕《あ》は妣《はは》の国に往かむと欲《おも》ひて哭《な》く』と白しき。ここに大御神詔《の》りたまはく『汝《いまし》はこの国に在るべからず』とのりたまひて、神やらひやらひたまへり。かれ、罷《まか》り往かむ状《さま》を請《まを》さむとおもひてこそ参上《まゐのぼ》りつれ。異《け》しき心なし」とまをしき。

【現代語訳】

そこでスサノオノ命が申すには「それでは天照大御神に事情を申しあげてから、根の国に参りましょう」と言って天に上ってゆくとき、山や川がことごとく鳴動し、国土がすべて震動した。すると天照大御神がその音を聞いて驚き、仰せられるのは、「私の弟君が上って来るわけは、きっと善良な心からではあるまい。私の国を奪おうと思って来るのに違いない」と仰せられて、ただちに御髪を解いて角髪《みずら》に束ね、左右の御角髪《みみずら》にも御鬘《みかづら》にも、左右の御手にも、みなたくさんの勾玉を貫き通した長い玉の緒を巻きつけ、背には千本も矢のはいる靫《ゆぎ》を負い、脇腹には五百本も矢のはいる靫をつけ、また臂《ひじ》には威勢のよい高鳴りのする鞆をお着けになり、弓を振り立てて、堅い地面を股まで没するほど踏み込み沫雪《あわゆき》のように土を蹴散らかして、雄々しく勇ましい態度で待ちうけ、問いかけて「どういうわけで上ってきたのか」とお尋ねになった。

そこでスサノオノ命が答えて申すには、「私は邪心を抱いてはいません。ただイザナキノ大御神のお言葉で、私が泣きわめくわけをお尋ねになったので、私は亡き母のいる国に行きたいと思って泣いているのです、と申しました。ところが大御神が、おまえはこの国に住んではならない、と仰せられて、私を追放なさいました。それで母の国に参ります事情を申しあげようと思って、参上しましただけです。謀反の心など抱いてはおりません」と申した。

【解説】

イザナキより海原の統治を命じられたスサノオは、亡き母のいる根の堅州の国に行きたいと泣きわめき、命令に従わなかった為追放されてしまった。

この記述は、スサノオの率いる軍勢が、アマテラス治世下の高天原に進軍し、アマテラス側も武装し、臨戦態勢を敷いていると読み取れる。しかし、高天原に到着したスサノオは高天原進攻の意思などなく、挨拶に来ただけであると述べる。この状況についてスサノオ側は、武力を背景に自らに有利に講和を結ぼうとしているようにも思える。戦争をせずに交渉により高天原を自らの傘下に置くことを意図していたのかもしれない。

この記述に重なるのが、魏志倭人伝の邪馬台国と狗奴国の記述である。卑弥呼治世下の邪馬台国に対して、男王の卑弥弓呼又は、長官の狗古智卑狗が率いる狗奴国軍が進攻した記述である。邪馬台国は遠く魏国まで援軍を要請する程であったことから、苦戦を強いられ事態は深刻なものであったことが推量される。古事記の記述でも、スサノオは高天原で破壊活動を行い、高天原は深刻な事態となっている。「高天原＝女王国」「アマテラス＝卑弥呼」「スサノオの治めた国＝狗奴国」「スサノオ＝卑弥弓呼又は狗古智卑狗」と考えると、少なからずストーリーが重なるのである。

（2）スサノオの高天原進攻

ここに速須佐之男命、天照大御神に白《まを》さく、「我が心清く明き故に、我が生みし子は手弱女《たわやめ》を得つ。これによりて言《まを》さば、自《おのづか》ら吾勝ちぬ」と云いて、勝《かち》さびに天照大御神の営田《つくだ》の畔《あ》を離《はな》ち、その溝を埋《う》め、またその大嘗《おほにへ》聞こしめす殿に屎《くそ》まり散らしき。かれ然《しか》すれども、天照大御神はとがめずて告《の》りたまはく、「屎如《くそな》すは、酔《ゑ》ひて吐き散らすとこそ、我がなせの命《みこと》かくしつらめ。また田の畔《あ》を離《はな》ち溝埋《う》むるは、地《ところ》をあたらしとこそ、我がなせの命かくしつらめ」と詔《の》り直したまえども、なほその悪《あ》しき態《わざ》やまずてうたてありき。

天照大御神忌服屋《いみはたや》に坐《いま》して神御衣《かむみそ》織らしめたまひし時、その服屋《はたや》の頂《むね》を穿《うか》ち、天の斑馬《ふちむま》を逆剝《さかは》ぎて堕《おと》し入るる時、天の服織女《はたおりめ》見驚きて梭《ひ》に陰上《ほと》を衝《つ》きて死にき。かれ、ここに天照大御神見畏《かしこ》みて、天の石屋戸《いはやど》を開きてさしこもりましき。ここに高天原皆暗く、葦原中津国悉《ことごと》く闇《くら》し。これによりて常夜《とこやみ》往きき。ここに万《よろづ》の神の声《おとなひ》はさ蠅なす満ち、万の妖《わざはひ》悉に発《おこ》りき。

【現代語訳】

そこでハヤスサノオノ命が、天照大御神に申すには、「私の心が潔白で明るい証拠として、私の生んだ子はやさしい女の子でした。この結果から申せば、当然私が誓約《うけひ》に勝ったのです」と言って、勝ちに乗じて天照大御神の耕作する田の畔を壊し、田に水を引く溝を埋め、また大御神が新嘗祭《にいなめまつり》の新穀を召し上がる神殿に、糞をひり散らして穢した。このような乱暴をするけれども、天照大御神はこれをとがめないで仰せられるには、「あの屎のように見えるのは、酒に酔ってへどを吐き散らそうとして、わが弟君はあのようなことをしたのであろう。また田の畔を壊したり、溝を埋めたりするのは、土地をもったいないと思って、わが弟君はあのようなことをしたのであろう」と善い方に言い直されたけれども、なおスサノオノ命の乱暴なふるまいは止むことがなく、ますますはげしくなった。天照大御神が神聖な機屋《はたや》においでになって、神に献《たてまつ》る神衣を機織女《はたおりめ》に織らせておられた時、スサノオノ命はその機屋の棟《むね》に穴をあけ、まだら毛の馬の皮を逆《さか》さに剝ぎ取って、穴から落し入れたとき、機織女《はたおりめ》はこれを見て驚き、梭《ひ》で陰部を突いて死んでしまった。これを見て、天照大御神は恐れて、天の石屋《いわや》の戸を開いて中にお籠りになった。そのため高天原《たかまがはら》はすっかり暗くなり、葦原中津国《あしはらなかつくに》もすべて暗闇となった。こうして永遠の暗闇がつづいた。そしてあらゆる邪神の騒ぐ声は、夏の蝿《はえ》のように世界に満ち、あらゆる禍がいっせいに発生した。

【解説】

スサノオはアマテラスに対し、誓約の勝利宣言をする。戦闘によるものなのか、講和によるものかはわからないものの、高天原はスサノオ軍に敗れ降伏したように読める。その後、スサノオ軍は高天原の破壊活動を始める。水田やその灌漑施設は高天原の主要産業であり、現代でいえば敵国の生産設備への破壊を彷彿させる。高天原の中枢とも言える神殿もスサノオ軍に占拠されてしまう。これも現代でいえば、首相官邸又は、国会議事堂の占拠といえる。その振る舞いに対しても高天原の元首ともいえるアマテラスは為す術がないのである。さらにスサノオ軍は、神に献上する神衣を織る施設を襲撃し機織女は死亡してしまう。あたかも強姦し殺したようにも読めないであろうか。まさに勝利した軍勢が敗れた者に対して略奪・破壊・殺戮を行っている姿が目に浮かぶのである。

この状況を恐れたアマテラスは天の石《いわ》屋に籠ってしまうのである。これを「アマテラス＝卑弥呼の死」と重ねる研究者は多く、私もその一人である。スサノオ軍（狗奴国軍）に対し、為す術もないアマテラス（卑弥呼）は自殺したのではないだろうか。処刑又は、戦死かもしれない。埋葬先が、天の石屋（冢＝墳丘墓）ではなかろうか。そして、その死により高天原（女王国）は、いよいよ混乱に陥るのである。古事記の「あらゆる邪神の騒ぐ声は、夏の蝿のように世界に満ち、あらゆる禍がいっせいに発生した」との記述は、魏志倭人伝の「代わって男王を立てたが、国中それに従わず、殺し合いをして、千余人が死んだ」ということであると私は考える。

また、「第1章　魏志倭人伝の解釈」で記述したように、この天岩戸事件を二四七年三月二四日の皆既日食と想定する研究者が多いが、私もその一人である（㉒加藤　１９９４　p40～47）。

（3）天岩戸1

ここを以ちて八百万《やほよろず》の神、天の安《やす》の河原に神集《つど》ひ集《つど》ひて、高御産巣日神《たかみむすひの》の子思金《おもひかねの》神に思はしめて、常世《とこよ》の長鳴鳥《ながなきどり》を集めて鳴かしめて、天の安河《やすのかは》の河上の天の堅石《かたしは》を取り、天の金山《かなやま》の鉄《まがね》を取りて、鍛人天津麻羅《かぬちあまつまら》を求《ま》ぎて、伊斯許理度売《いしこりどめの》命の科《おほ》せて鏡を作らしめ、玉祖命《たまのおやのみこと》に科《おほ》せて八尺《やさか》の勾璁《まがたま》の五百津《いほつ》の御すまるの珠を作らしめて、天児屋《あめのこやねの》命・布刀玉《ふとだまの》命を召して天の香山《かぐやま》の真男鹿《まおしか》の肩の全抜《うつぬ》きに抜きて、天の香山の天のははかを取りて、占合《うらな》ひまかなはしめて、天の香山の五百津真《いほつま》賢木《さかき》を根こじにこじて、上枝《ほつえ》に八尺《やさか》の勾璁《まがたま》の五百津《いほつ》の御《み》すまるの玉を取り著《つ》け、中枝《なかつえ》に八尺鏡《やあたのかがみ》を取りかけ、下枝《しづえ》に白和幣《しらにきて》・青和幣《あをにきて》を取り垂《し》でて、この種々《くさぐさ》の物は、布刀玉命《ふとだまの》太御幣《ふとみてぐら》と取り持ちて、天児屋命《あめのこやねの》太詔戸言《ふとのりとこと》禱《ほ》き白《まを》して、天手力男神《あめのたぢからおの》戸の掖《やき》に隠《かく》り立ちて、天宇受売命《あめのうずめの》、天の香山の天の日影《ひかげ》を手次《たすき》にかけて、天の真拆《まさき》を鬘《かづら》として、天の香山の小竹葉《ささば》を手草《たぐさ》に結《ゆ》ひて、天の石屋戸にうけ伏せ、蹈みとどろこし神懸《かむかか》りして、胸乳《むなち》をかき出で、裳緒《もひも》をほとにおし垂れき。ここに高天原動《とよ》みて、八百万《やほよろづ》の神共に咲《わら》ひき。

【現代語訳】

このような状態となったのでありとあらゆる神々が、天の安河《やすのかわ》に会合して、タカミムスヒノ神の子のオモヒカネノ神に、善後策を考えさせた。そしてまず常世国《とこよの》の長鳴き鳥を集めて鳴かせ、次に天の安河の川上の堅い岩を取り、天の金山の鉄を採って、鍛冶師のアマツマラを捜して、イシコリドメノ命に命じて鏡を作らせ、玉祖命《たまのおやのみこと》に命じて、たくさんの勾玉を貫き通した長い玉の緒を作らせた。次にアメノコヤネノ命とフトダマノ命を呼んで、天の香具山の雄鹿の肩骨を抜き取り、天の香具山の朱桜《かにわざくら》を取り、鹿の骨を灼いて占い、神意を待ち伺わせた。そして天の香具山の枝葉の繁った賢木《さかき》を、根ごと掘り起こして来て、上の枝に勾玉を通した長い玉の緒を懸け、中の枝に八咫鏡《かがみ》を懸け、下の枝に楮《こうぞ》の白い布帛《ふはく》と麻の青い布帛《ふはく》を垂れかけて、これらの種々の品は、フトダマノ命が神聖な幣《ぬさ》として捧げ持ち、アメノコヤネノ命が祝詞《のりと》を唱えて祝福し天手力男神《あめのたぢからお》が石戸の側に隠れて立ち、アメノウズメノ命が天の香具山の日陰蔓《ひかげのかずら》を襷《たすき》にかけ、真拆葛《まさきのかずら》を髪に纏《まと》い、天の香具山の笹の葉を束ねて手に持ち、天の石屋戸の前に桶を伏せてこれを踏み鳴らし、神がかりして、胸乳をかき出だし裳《も》の紐《ひも》を陰部までおし下げた。すると高天原が鳴りとどろくばかりに、八百万《やおよろず》の神々がどっといっせいに笑った。

【解説】

アマテラスが天岩戸に籠ってしまったことに対する対策会議を八百万の神々が行うのである。これを私は卑弥呼死去後の後継者共立会議と推定する。女王国を構成する国々の首長による会議である。三〇国全部とは言わないが、邪馬台国、奴国、伊都国など主要国は出席したであろう。「魏志倭人伝」の章でも述べたが、邪馬台国が畿内にあり、女王国（邪馬台国連合）が畿内から九州に及ぶ範囲であれば、その範囲の首長がこの会議に出席したことになり、現実的ではない。やはり、女王国（邪馬台国連合）は北部九州の範囲で、その範囲内の有力国の首長が集まったと解するべきであろう。そして台与を共立するのである。

古事記にはアマテラスの復活、つまり、女王国の新女王を共立する儀式が細かく記載されている。神宝が祀られ巫女が神がかりになる儀式が実際行われたのであろう。目を引くのが儀式に使われる三つの神宝の「玉」「鏡」「布」である。三つのうち前二者は後の三種の神器となるが、「布」は「剣」にとって代わられる。これは、高天原（北部九州）の葦原中国《あしはらなかつくに》（出雲）吸収によるものと考える。

（4）天岩戸2

ここに天照大御神佐《あや》しとおもほして、天の石屋戸を細めに開きて、内より告《の》りたまはく、「吾が隠《こも》りますによりて、天の原 自《おのづか》ら闇く、また葦原中国も皆闇からむとおもふを、何の由《ゆえ》にか天宇《あめのう》受売《ずめ》は楽《あそび》をし、八《や》百《お》万《よろず》の神 諸《もろもろわら》咲へる」とのりたまひき。ここに天宇受売白言《まを》さく、「汝《な》が命《みこと》に益して貴き神坐《いま》すが故に、歓喜《よろこ》び咲《わら》ひ楽《あそ》ぶ」とまをしき。かく言《まを》す間に、天児屋命《あめのこやねの》・布刀玉命《ふとだまの》その鏡をさし出だし、天照大御神に示《み》せ奉《まつ》る時、天照大御神いよよ奇《あや》しと思ほして、やくやく戸より出でて臨みます時にその隠《かく》り立てりし天手力男神《あめのたぢからおの》、その御手《みて》を取りて引き出だしまつりき。即ち布刀玉命、尻《しり》くめ縄《なわ》をその御後方《みしりへ》に控《ひ》き度《わた》して白言《まを》さく、「これより内に得《え》還り入りまさじ」とまをしき。かれ、天照大御神出でたまし し時、高天原も葦原中国も 自《おのづか》ら照り明りき。

【現代語訳】

そこで天照大御神は不思議に思われて、天の石屋戸《いわやと》を細めに開けて、中から仰せられるには、「私がここにこもっているので天上界は自然に暗闇となり、また葦原中国もすべて真暗であろうと思うのに、どういうわけでアメノウズメは舞楽をし、また八百万の神々は皆笑っているのだろう」と仰せられた。そこでアメノウズメが申すには、「貴方様にも勝る貴い神がおいでになりますので、喜び笑って歌舞しております」と申し上げた。こう申す間に、アメノコヤネノ命とフトダマノ命が、その八咫鏡《かがみ》をさし出して、天照大御神にお見せ申しあげる時、天照大御神がいよいよ不思議にお思いになって、そろそろと石屋戸から出て鏡の中をのぞかれる時に、戸の側に隠れ立っていた天手力男神《あめのたぢからおのかみ》が、大御神の御手を取って外に引き出し申した。ただちにフトダマノ命が、注連縄《しめなわ》を大御神の後ろに引き渡して、「この縄から内に戻ってお入りになることはできません」と申し上げた。こうして天照大御神がお出ましになると、高天原も葦原中国も自然に太陽が照り。明るくなった。

【解説】

アメノウズメノの神がかりに八百万の神々が大騒ぎしているのを不審に思い、アマテラスは外の様子をうかがおうと天岩屋を出てしまったところを引きずり出され、岩屋は封印されてしまうのである。私はこれを卑弥呼死去後、台与が即位するための儀式の描写と考える。卑弥呼（アマテラス）が墳丘墓（天岩戸）に葬られた（籠った）後、新アマテラス（台与）が墳丘墓（天岩戸）から登場（復活）するのである。実際このようなパフォーマンスを行い、多くの観衆はアマテラスの復活を信じたのではないだろうか。

（5）スサノオの処分

ここに八百万の神共に議りて、速須佐之男命に千位《ちくら》の置戸《おきど》を負《おほ》せ、また鬚《ひげ》と手足の爪を切り祓《はら》へしめし、神やらひやらひき。

【現代語訳】

そこで八百万の神々が一同相談して、ハヤスサノオノ命にたくさんの贖罪《しょくざい》の品物を科し、また鬚《ひげ》と手足の爪を切って祓《はら》えを科して、高天原から追放してしまった。

【解説】

アマテラスの復活（台与の共立）により女王国は再び結集し、その連合軍は高天原（邪馬台国）を占領するスサノオ軍（狗奴国軍）を破った記述であると私は考える。そしてスサノオ軍（狗奴国軍）は、高天原（邪馬台国）に賠償を支払い、追放される（撤退する）のである。魏志倭人伝にはここまでの記載はないが劣勢であった邪馬台国が、女王国連合軍を編成し、魏国の後ろ盾も得て、狗奴国に勝利し、北部九州の覇権を確立したものと推定する。

3　オオクニヌシの国譲り

（1）アマテラスの葦原中国領有宣言

天照大御神の命《みこと》以《も》ちて、「豊葦原の千秋長五百秋《ちあきながいほあき》の水穂国《みずほのくに》は、我が御子正勝吾勝勝速日《みこまさかつあかつかちはやひ》天忍穂《あめのおしほ》耳命《みみのみこと》の知らす国なり」と言《こと》よさしたまひて天降《あまくだ》したまひき。ここに天忍穂耳命、天《あめ》の浮橋《うきはし》に立たして詔《の》りたまはく、「豊葦原の千秋長五百秋の水穂国は、いたくさやぎてありなり」と告《の》りたまひて、更に還り上りて天照大御神に請いたまひき。ここに高御産巣日神《たかみむすひの》・天照大御神の命以ちて、天《あめ》の安河《やすかわ》の八百万《やおよろず》の神集《かむつど》へに集《つど》へて、思金神《おもほかねの》に思はしめて詔《の》りたまはく、「この葦原中国《あしはらなかつくに》は、我御子の知らす国と言依《ことよ》さしたまへる国なり。かれ、この国にちはやぶる荒ぶる国つ神等《ども》の多《さは》にありと以為《おも》ほす。これ何《いづ》れの神を使はしてか言《こと》むけむ」とのりたまひき。ここに思金神また八百万の神、議《はか》りて白《まを》さく「天菩比神《あめのほひのかみ》、これ遣《つか》はすべし」とまをしき。かれ、天菩比神を遣はしつれば、すなはち大国主神に媚《こ》び付きて、三年に至るまで復奏《かへりごとまほ》さざりき。

【現代語訳】

天照大御神の仰せで「豊葦原の千秋長五百秋の水穂国は、我が子マサカツアカツカチハヤヒアメノオシホミミノ命の統治すべき国である」と、統治を御委任になって、御子を高天原からお降しになった。そこでアメノオシホミミノ命が降る途中で天の浮橋に立って仰せられるには、「豊葦原の千秋長五百秋の水穂国は、ひどく騒がしい様子だ」と仰せになって、また高天原に帰り上って、天照大御神に指図を仰がれた。

そこでタカミムスヒノ神と天照大御神の御命令で、天の安河の河原にあらゆる多くの神々を招集して、オモホカネノ神に方策を考えさせて仰せられるには、「この葦原中国は、我が子アメノオシホミミノ命の統治する国として委任した国である。ところがこの国には、暴威をふるう乱暴な国つ神どもが大勢いると思われる。どの神を遣わして、これを平定したらよかろうか」と仰せられた。そこでオモホカネノ神やあらゆる神々が相談して、「アメノホヒノ神を遣わすのがよいでしょう」と申し上げた。そこでアメノホヒノ神を遣わしたところ、この神は大国主神に媚びへつらって、三年たっても復命しなかった。

【解説】

オオクニヌシの国譲りの説話は、畿内の大和政権の出雲征服の物語であると論ずる研究者が多い。しかし私は前述のとおり、「高天原＝邪馬台国（連合）」及び、「邪馬台国北部九州説」を取るため考えが違う。つまり、九州北部の高天原（邪馬台国）が葦原中国（出雲）に対して服従をせまったのである。そして、アマテラス（台与）は王子（邪馬台国の男王又は将軍か？）に統治させようとしたが、葦原中国（出雲）はこれに従わなかったのである。

そこで、高天原の八百万の神々（邪馬台国連合構成国の首長）が相談して、征討軍又は交渉団を派遣するのである。その責任者がアメノホヒノ神である。しかし、葦原中国（出雲）王のオオクニヌシの懐柔策により取り込まれてしまったのである。もしかしたら降伏したのかもしれない。今回の記述では省略したが、その後第二陣として、アメノワカヒコを派遣するがこれも懐柔され、オオクニヌシの娘をめとることとなる。葦原中国（出雲）は後述のとおり被征服国にはなるが、ここでは高天原（邪馬台国連合）に簡単に屈しない国として描かれている。

（2）高天原の葦原中国進攻

ここをもちてこの二柱《ふたはしら》の神、出雲国の伊耶佐《いざさ》の小浜《をばま》に降《くだ》り到りて、十掬剣《とつかつるぎ》を抜き、逆《さかさま》に浪の穂に刺したて、その剣の前《さき》に趺《あぐ》み坐《ま》して、その大国主神に問ひて言《の》りたまはく、「天照大御神・高木神の命《みこと》以ちて、問ひに使はせり。汝《いまし》のうしはける葦原中国《あしはらなかつくに》は、我が御子の知らす国と言依《ことよ》さしたまひき。かれ、汝《いまし》の心奈何《いかに》」とのりたまひき。ここに答へ白さく、「僕《あ》は得白《えまを》さじ。我が子八《や》重《え》言代主神《ことしろぬしの》、これ白すべし。然るに、鳥遊《とりのあそび》・取魚《すまどり》して、御大《みほ》の前《さき》に往きて未だ還り来《こ》ず」とまをしき。かれここに天鳥船神《あめのとりふねのかみ》を遣はし、八《や》重《え》事代主神《ことしろぬしの》神を徴《め》し来て、問いたまひし時、その父の大神に語りて言はく、「恐《かしこ》し。この国は天つ神の御子に立奉《たてまつ》らむ」といひて、すなはちその船を蹈み傾《かたぶ》けて、天《あま》の逆手《さかて》を青柴垣《あをふしがき》に打ち成して隠《かく》りき。

【現代語訳】

そんなわけでこの二柱の神は、出雲国の伊耶佐《いざさ》の小浜に降《くだ》り着いて、十拳剣《とつかつるぎ》を抜いて逆さまに波頭に刺し立て、その剣の鋒《きつさき》にあぐらをかいて、大国主神に尋ねて、「天照大御神と高木神の仰せによって、そなたの意向を訊《き》くためにお遣わしになった者である。そなたの領有している葦原中国《あしはらなかつくに》は、我が御子の統治なさる国として御委任になった国である。だから、そなたの考えはどうなのか」と仰せになった。その時大国主神は答えて、「私はお答え出来ません。私の子ヤヘコトシロヌシノ神がお答えするでしょう。ところが今、鳥狩《とが》りや漁《すなど》りをして、美保の崎に出かけてまだ帰って来ません」と申した。そこで天鳥船神《あめのとりふねのかみ》を遣わして、ヤヘコトシロヌシ神を呼び寄せて、意向をお尋ねになったところ、その父の大国主神に語ってコトシロヌシノ神、「畏《かしこ》まりました。この国は天つ神の御子に奉りましょう」と言って、ただちに乗って来た船を踏み傾け、天《あま》の逆手《さかて》を打って、船を青葉の柴垣に変化させ、その中に籠《こも》ってしまった。

【解説】

過去二回の交渉（又は征討）の失敗を受け、三度目はタケミカヅチノ神と天鳥船《あめのとりふね》神の二神を派遣することになる。今回は交渉ではなく、明らかに武力討伐である。そしてこの二神は、「出雲国の伊耶《いざ》佐《さ》の小浜の降り着く」とある。タケミカヅチノ神は雷神であり、天鳥船神は雷神が乗る船である（⑮次田　1977　p161）。これは明らかに、「タケミカヅチノ神という将軍に率いられた高天原の葦原中国征討軍は船で出雲に来て出雲国の伊耶佐の小浜に上陸した」と解釈できるのである。そして、この「伊耶佐の小浜」は「島根県出雲市（旧簸川郡大社町）の稲佐浜」である（⑮次田　1977　p161）【写真⑦】。稲佐浜は島根半島の西海岸に位置し、軍勢がここに海路でやってきて上陸するということは、出雲より西方の勢力がやって来たと考えるのが妥当である。畿内の大和政権がこのような進路を取るとは考えにくく、九州北部の勢力がやって来たと考えるほうが合理的である。なお安本美

写真⑦　稲佐の浜（島根県出雲市）

典氏も同様の説を唱えている（㉖安本　2014　p8～9、㊲安本　2004　p257～258）。

大国主神という葦原中国王の軍勢を率いていた将軍は、「ヤヘコトシロヌシノ神」及び、「タケミナカタノ神（原文、現代語訳文では省略）」という二人の息子であった。前者は戦わずして降伏したように読める。しかし、「天の逆手を打って青葉の柴垣に籠る」との記述は恨みを抱いて死んだことを彷彿させる。原文・現代語訳文では省略したが、後者については徹底抗戦するものの敗れて出雲から逃げ出してしまう。葦原中国軍は高天原軍の敵ではなかったと描かれている。

（3）オオクニヌシの降伏

かれ、更にまた還り来て、その大国主神に問ひたまはく、「汝《いまし》の子等《こども》事代主神・建御名方神の二《ふた》柱《はしら》の神は、天つ神の御子《みこ》の命《みこと》のまにまに違《たが》はじと白《まほ》しぬ。かれ、汝《いまし》の心奈何《いかに》」ととひたまひき。ここに答へて白さく、「僕《あ》が子等《こども》二柱《ふたはしら》の神白すまにまに僕《あ》も違《たが》はじ。この葦原中国は、命《みこと》のまにまに既に献らむ。ただ僕《あ》の住所《すみか》は、天つ神の御子の天つ日継《ひつぎ》知らしめす、とだる天の御巣《みす》の如くして、底つ石根《いわね》に宮柱ふとしり、高天原に氷木《ひき》たかしりて治めたまえば、僕《あ》は百足《ももた》らず八十坰手《やそくまで》に隠《かく》りて侍《はべ》らむ。また僕が子等百八十神《こどももももやそかみ》は、すなはち八重事代主神、神の御尾前《みおさき》となりて仕え奉《まつ》らば、違《たが》ふ神はあらじ」とまをしき。

【現代語訳】

それで、タケミカヅチノ神は、また出雲に帰ってきて大国主神に向かって、「あなたの子供のコトシロヌシノ神、タケミナカタノ神の二柱の神は、天つ神の仰せのとおりに従って背きませんと申した。ところで、あなたの考えはどうなのか」とお尋ねになった。すると大国主神が答えて、「私の子供の二柱の神が申すとおりに、私は背きません。この葦原中国は、仰せのとおり、ことごとく献上しましょう。ただ私の住む所は、天つ神の御子が皇位をお継ぎになる立派な宮殿のように、地底の盤石に宮柱を太く立て、大空に千木《ちぎ》を高々とそびえさせた神殿をお造り下さるならば、私は遠い幽界隠退しておりましょう。また私の子供の百八十神《ももやそかみ》たちは、ヤヘコトシロヌシノ神が、神々の前に立ち後に立ってお仕え申したならば、背くことはありますまい」と申した。

【解説】

二人の息子の率いる軍勢が敗れ、大国主神は為す術もなく降伏する。大国主神は引き換え条件として、自ら居住する壮大な神殿を要求し実現させるのである。これが出雲大社の鎮座縁起である。私はこのことに対して二つの解釈をしている。

一つ目の考えは、葦原中国軍は意外と強く、高天原軍は苦戦し、ようやく条件付きで降伏させることができたという説である。大国主神一族は政治的な統治権は剥奪されるが、命は助けられ神殿を授かり神職として高天原に仕えることになる。「ヤヘコトシロヌシノ神が他の神々の見本となるように仕えれば背く神々はいない」という内容にも矛盾しない。

二つ目の考えは、高天原軍の圧勝である。大国主神一族はほぼ皆殺し、又は、逃走することとなる。そして、その後建てられる神殿は、大国主神の祟りを抑える為のものであるとする説である。

いずれにしても高天原勢力＝邪馬台国連合は、これにより九州北部から山陰に至る地域を版図に収めることになる。

季刊邪馬台国第一三一号で飯田眞理氏は、記紀と考古学的事実を比較して次のように述べている。

「加茂岩倉遺跡（島根県雲南市）三九個の銅鐸と荒神谷遺跡（島根県出雲市）の三五八本の銅剣は、出雲の敗北によりその国の祭祀器であったものが埋められたものとも考えられます【写真⑧⑨】。また、青谷上寺地遺跡（鳥取県鳥取市）における大量の殺傷人骨も、日本書紀の記述『もろもろの従わない神たちは誅せられ、草木・石に至るまで皆平らげた』に合致するものです」（㊿梓書院　２０１６　p94）。この飯田氏の仮説により、考古学的発見と古事記という文献の記述がつながることとなる。

また「出雲風土記」の「大原郡」に次のような記述がある。

「神原《かむはら》の郷《さと》。郡家《こほりのみやけ》の正北九里《さと》。古老《ふるおきな》の伝えて云《い》はく、天《あめ》の下所造《したつく》らしし大神《おほかみ》の御財《みたから》を積《つ》み置《お》き給《たま》いし処《ところ》なり。則《すなわ》ち神財《かむたから》と謂《い》う可《べ》きを、今の人猶《なほ》誤りて神原《かむはら》の郷《さと》と云《い》うのみ。［神原の郷。郡役所の真北九里（四・八㎞）。古老が伝えて言うことには、真の下をお造りになった大神が神宝を積んでおかれた所だ。それで神財の郷と言うべきなのだが、今の人はただ誤って、神原の郷と言っているだけだ。］」。「神原」と地名でまず思い浮かぶのが、景初三年の紀年がある三角縁神獣鏡を出土した「神原神社古墳」であるが、加茂岩倉遺跡はその古墳のわずか一・六㎞北に位置する。埋納された三九個の銅鐸とは、この大神が積んで置いた神宝ではなかろうか。だとすれば、考古学的発見と出雲風土記という文献の記述もがつながることとなる（㊺荻原　１９９９　p２９０、２９２、２９４～２９６、㊻瀧音　２０１８　p２８７～２９０）。

以上の仮説は、「記紀にある高天原の葦原中国征服の記述＝北部九州の邪馬台国が出雲の投馬国を征服したこと」という私の説を補強してくれるものと考える。

写真⑧　加茂岩倉遺跡の銅鐸出土状況〔レプリカ〕（島根県雲南市）

写真⑨　荒神谷遺跡の銅剣出土状況〔レプリカ〕（島根県出雲市）

4　天孫降臨

（1）天孫降臨1

かれここに、天津日子番能邇邇芸命《あまつひこほのににぎの》に詔《の》りたまひて、天の石位離《いわくらはな》ち、天の八重たな雲を押し分けて、いつのちわきちわきて、天の浮橋にうきじまり、そりたたして、竺紫《つくし》の日向《ひむか》の高千穂のくじふるだけに天降《あまくだ》りましき。

【現代語訳】

さてそこで、天つ神はヒコホノニニギノ命に仰せ言を下され、ニニギノ命は高天原の神座を突き放し、天空を幾重にもたなびく雲を押し分け、筑紫の日向の高千穂の霊峰に天下りになった。

【解説】

アマテラスの孫（天孫）であるニニギノ命が、高天原から地上に降る（降臨する）記述である。私はこの記述を、男王ニニギノ命の即位と推測する。つまり、「天孫降臨＝即位」である。前述したように高天原（邪馬台国連合）は葦原中津国（出雲）を征服し、九州北部から山陰にかけての覇権を確立する。朝鮮半島との交易はおそらく独占状態になり、他に匹敵する強国も無く、天下統一の状況になる。そこで男王の即位である。ここに女王アマテラス（卑弥呼・台与）の時代は終焉に向かうのである。

そこで疑問に残るのが即位の場所である。つまり、「筑紫の日向の高千穂」の記述である。通常は「筑紫島（九州）の日向国の高千穂峰」となり、九州南部の宮崎県・鹿児島県と比定される。高天原（邪馬台国連合）の版図は九州北部から山陰であり矛盾する。私は魏志倭人伝での行程をたどった際に、伊都国と奴国の間に「日向峠」を発見し、ここが「筑紫の日向」ではないかと推測した。つまり、「筑紫国の日向連山の高千穂峰」と考えたのである。しかし、記紀ではその後の神武東征の出発地点を九州南部としている。

そこで私が考えたのが、「記紀の編者は筑紫国の日向を日向国と勘違いしたのでは？」という推測であった。なぜならば、古事記の国生み神話で登場する筑紫島（九州）の国は、筑紫国、豊国、肥国、熊曾国の四カ国であり日向国はない。日向国は七世紀以降律令制度の成立に伴って出来た国である。そんなことを考えていたときにとある書店で一冊の本を手にし驚いた。なぜなら同じように考えていた研究者が他にもいたからである。その著作は、古田武彦著「失われた日本（㉗古田　2013　p167~178）」である。氏の理論展開の紹介はここでは省略するが、邪馬台国研究の大家も同意見という事実は、私に自信を持たせてくれた。

（2）天孫降臨2

ここに詔《の》りたまはく、「此地《ここ》は韓国《からくに》に向ひ、笠沙《かささ》の御前《みさき》に真来《まき》通りて、朝日の直《ただ》さす国、夕日の日照る国なり。かれ、此地《ここ》はいと吉き地《ところ》」と詔りたまひて、底つ石根に宮柱ふとしり、高天原に氷椽《ひぎ》たかしりて坐《いま》しき。

【現代語訳】

このときニニギノ命が仰せられるには、「この地は朝鮮に相対しており、笠沙の御碕にまっすぐ道が通じていて、朝日のまともにさす国であり、夕日の明るく照る国である。だから、ここはまことに吉い土地だ」と仰せられて、地底の盤石に太い宮柱を立て、天空に千木高くそびえさせた、壮大な宮殿にお住まいになった。

【解説】

「朝鮮に相対している」という記述から、この地は北部九州以外には考えられない。

次に「笠沙の御碕にまっすぐ道が通じている」の記載についてである。「笠沙の御碕」は定説によると、鹿児島県南さつま市（旧川辺郡笠沙町）の野間岬（薩摩半島の西端）である（⑮次田　1977　p181）。その後ニニギノ命は、この笠沙の御碕でコノハナサクヤ姫と出会うことになる（⑮次田　1977　p186）。私もこの定説を採り、北部九州から野間岬付近まで街道があったものとしてきたが、一方、野間岬付近が邪馬台国連合の影響下にあり街道があったことに疑問も感じていた。

その点について、川村湊氏は「海峡を越えた神々」で次のように述べている（㉘川村　2013　p

28〜29)。「鹿児島県の笠沙町が、一九二二年、すなわち大正一一年に、大浦村、赤生木村、片浦村の三村が合併して「笠沙」を村名（のち町名）とする以前には、「笠沙」という地名が、その一帯の市町村や郡や字といった単位においても使われていたことはなかった。いわば、神話や伝承から「野間岬」を記紀神話にある「笠沙の御前（岬）」に比定して、新たに村名（町名）にしたのであり、古来ここが「笠沙」であったという根拠は希薄である。」

そして氏は次のように仮説を述べる。「そもそもタケミカヅチが天孫のために先行者として天下ったのは、出雲の国の伊那佐の小浜である（『日本書紀』では「五十田狭之小汀」）。この地名はひょっとすると「笠沙」に通じるかもしれない。すると「笠沙の御前に真来通りて」の一文についての疑問が氷解する。タケミカヅチが〝露払い〟をした場所から真っ直ぐに来たところだからである（出雲の国から筑紫の国への行路（海路）は「真来通りて」といってもよいだろう）。」

この仮説を読んで私もなるほどと感じた。この説であれば、笠沙は邪馬台国連合の版図の中に収まり、九州北部から笠沙までは街道ならぬ海道が通じており、何の矛盾もなくなる。

5　神武東征

(1) 東征開始

神倭伊波礼毘古命《かむやまといわれびこのみこと》、そのいろ兄五瀬命《えいつせのみこと》と二柱、高千穂宮《たかちほのみや》に坐《いま》して議《はか》りて云《の》りたまはく、「何《いづ》れの地《ところ》に坐さば、平《たひ》らけく天《あめ》の下の政《まつりごと》を聞こしめさむ。なほ東《ひむがし》に行かむと思ふ」とのりたまひて、即《すなは》ち日向《ひむか》より発《た》ちて筑紫《つくし》に幸行《い》でましき。かれ、豊国《とよくに》の宇沙《うさ》に到《いた》りましし時、その土人《くにびと》、名は宇沙都比古《うさつひこ》、宇沙都比売《うさつひめ》の二人、足一騰宮《あしひちつあがりのみや》を作りて大御饗《おほみあへ》献《たてまつ》りき。其地《そこ》より遷移《うつ》りまして、竺紫《つくし》の岡田宮《おかだのみや》に一年《ひととせ》坐《いま》しき。またその国より上《のぼ》り幸《い》でまして、阿岐国《あきの》の多祁理宮《たけりの》に七年《ななとせ》坐しき。またその国より遷《うつ》り上《のぼ》り幸《い》でまして、吉備《きび》の高島宮《たかしまのみや》に八年《やとせ》坐《いま》しき。

【現代語訳】

カムヤマトイワレビコノ命（神武天皇）は、その同母兄のイツセノ命と二柱で、高千穂宮におられて御相談になって、「どこの地にいたならば、安らかに天下の政を執り行うことができるだろう。やはり東の方に都の地を求めて行こうと思う」と仰せられて、ただちに日向から出発して筑紫国においでになった。そして豊国の宇沙に到着された時、その国の住民の、名をウサツヒコ・ウサツヒメという二人が、足一騰宮を作って御食膳を献った。そこからお遷りになって、筑紫の岡田宮に一年滞在された。またその国からお上りになって、安芸国の多祁理宮に七年おいでになった。さらにその国から遷り上られて、吉備の高島宮に八年おいでになった。

【解説】

神武東征の開始である。私は長年「日向↓筑紫↓豊国」のルートに疑問を感じていた。今の県名でいうと「宮崎↓福岡↓大分」となり、行ったり来たりのコースとなってしまう。しかし、これも前述した記紀の編者が「筑紫国の日向」を「日向国」と勘違いしたという仮説で解決する。私は元々の言い伝えが、東征の出発地は筑紫ではなかったかと推測する。しかし、記紀の編者らの勘違いにより高千穂宮は日向国になければならなくなった。したがって、日向国から筑紫に移動する節が必要となってしまったのであると考える。

この当時の邪馬台国の版図は、狗奴国、投馬（出雲）国の強敵を破り、九州北部から山陰西部に到るまでに拡大していたと推測する。今の県名でいうと、福岡県、佐賀県、熊本県北部、山口県北部、島根県位まで影響下に置いていたであろうと考える（中央集権体制が確立していたというわけではない）。そして、当初東征の開始は畿内を目指すものではなかった。通常の考え方をすれば、狗奴国戦争の時のように、近隣の未征服地を支配下にいれる為のものではないかと考える（対出雲戦争は近隣国といえないが、朝鮮半島との交易の覇権をかけた戦争であった。言い換えれば海を介した近隣国であったといえるかもしれない）。

そこで東征の最初は豊国侵入であった。「九州北部の海岸沿いに東征」し、「宇沙」まで到達するのである。古事記の記述をみる限り宇沙は服従し、ここで九州東岸の東征は終了する。何故であろうか?それは平野がないからである。宇沙のある中津平野の東には山がちな地形の国東《くにさき》半島があり、これによりこれ以上の東征を阻まれるのである。言い換えれば、東征するメリットがないのである。邪馬台国連合を構成する集落国家は稲作農業に適した平野に展開していた。福岡平野等玄界灘・響灘沿岸、筑紫平野等有明海沿岸などである。そしてそれらの平野はほぼ平地でつながっている（福岡平野と筑紫平野の間には、現在鹿児島本線等が走る低地が回廊のようにあり、少なくとも急峻な峠はない）。九州西岸を南下したとしても、遠征は熊本平野までであり、山越えをして鹿児島まで進攻することはなかったであろう。そして邪馬台国連合の九州統一は、少なくとも現在の鹿児島県、宮崎県及び大分県の大部分を残したまま終了するのである。

宇沙を服従させた後、神武一行は筑紫に戻る。滞在先は岡田宮であり、伝説地は遠賀川河口の崗水《おかみな》門《と》（福岡県遠賀郡芦屋町）のあたりである（⑮次田　1977　p22）。その後、九州を出て本格的な東征を開始する。最初の遠征地は安芸国（広島県）であり、次が吉備（岡山県）である。瀬戸内の山陽道を東進していくのであるが、これは海路によるものであろう。それについては次に述べる。

（2）国つ神の臣従

かれその国より上り幸《い》でましし時、亀の甲《せ》に乗りて釣りしつつ打ち羽《は》ふり来る人、速吸門《はやすひのと》に遇《あ》ひき。ここに換《よ》びよせて、「汝《いまし》は誰《たれ》ぞ」と問ひたまへば、「僕《あ》は国つ神なり」と答へ曰《まを》しき。また「汝《いまし》は海つ道《ぢ》を知れりや」と問ひたまへば、「よく知れり」と答へ曰《まを》しき。また「従ひて仕へ奉《まつ》らむや」と問ひたまへば、「仕へ奉《まつ》らむ」と答へ曰《まを》しき。かれここに、槁機《さお》をさし渡し、その御船《みふね》に引き入れて、即ち名を賜ひて槁根津日子《さをねつひこ》と号《なづ》けたまひき。

【現代語訳】

そしてその国から上ってこられたとき、亀の甲に乗って釣りをしながら、両袖を振ってやって来る人に速吸門で逢われた。そこで呼び寄せて、「お前はだれか」とお尋ねになると、「私は国つ神です」とお答え申しあげた。また「お前は海路を知っているか」とお尋ねになると、「よく存じております」とお答え申しあげた。また「私に従って仕えるか」とお尋ねになると、「お仕えいたしましょう」とお答えした。そこで棹をさし渡し、その御船に引き入れて、サヲネツヒコという名をお与えになった。

【解説】

速吸門とは潮流の速い海峡の意で、豊予海峡（大分県と愛媛県の間）を指すという説が有力である㉙次田　１９８０　p23）。現在も豊予海峡を「速吸瀬戸」ともいう。しかし、古事記の記述では、吉備（岡山県）までたどり着いた後に豊予海峡を通ることになり行程に矛盾がある。それに対し日本書紀の記述では、東征軍は日向国（宮崎県）を出発した後、速吸之門を通り、椎根津彦を臣従させ、その後筑紫の国の宇佐に到着するので矛盾はない（⑱宇治谷　１９８８　p91〜92）。

つまり、古事記では、「日向→筑紫（福岡県）→豊国の宇沙（大分県）→筑紫の岡田宮（福岡県）→阿岐（安芸）国（広島県）→吉備（岡山県）→速吸門」という行程であるが、日本書紀では「日向国→速吸之門→筑紫国の宇佐（大分県）→筑紫国の岡水門（福岡県）→安芸国（広島県）→吉備国（岡山県）」

という行程である。

私は伝承のオリジナルは古事記の行程であると推測する。「速吸門」とは元々「潮流の速い海峡」の意で地名ではない。そして、前述したように記紀の編者は筑紫の日向を日向国と勘違いした。古事記の編者はこの日向についての勘違いはしたものの、東征の行程は伝承どおり記述したが、日本書記の編者はアレンジしたのである。つまり、「日向国から宇佐に向かうためには豊予海峡を通過する。そして速吸門は豊予海峡である」として伝承にある行程を修正したものと私は推測する。

では、速吸門とはどこであろうか？　もう一つの有力な候補地は、「明石海峡（明石の瀬戸）」である（㉚三浦　２００２　p１２３）。吉備（岡山県）から東に向かえば当然通過する海峡であり、全く矛盾はない。ここで東征軍はサヲネツヒコという海路に詳しい国つ神（土着勢力）を組み入れるのである。逆を言えば東征軍は吉備、又は、明石海峡までの山陽道に沿った海路は知っていたと推測できる。交易を行っていた可能性はあり、もしかしたら安芸や吉備は邪馬台国連合の植民地であったのかもしれない。少なくとも安芸や吉備では戦闘の記述はなく、邪馬台国連合の勢力下にあったか、又は、東征軍の強大さを知り、ほとんど戦わずして服従したものと思われる。それに対して、吉備、又は、明石海峡以東は未知であり勢力外であったものと思われる。だから、海路に詳しい国つ神（土着勢力）であるサヲネツヒコという案内役が必要であったのである。なお、「角川日本地名大辞典　33岡山県」によると明石海峡（明石の瀬戸）の西を「内」といい、それが瀬戸内海という名称の由来であるとしている（「瀬戸」とは「迫戸」或いは「湍戸」であり、海峡の意である（㉜北川　２００７））。

（3）楯津の戦い

かれ、その国より上り行《い》でましし時、浪速《なみはや》の渡《わたり》を経て、青雲《あおくも》の白肩津《しらかたのつ》に泊《は》てたまひき。この時、登美《とみ》の那賀須泥毘古《ながすねびこ》、軍《いくさ》を興して待ち向《むか》へて戦ひき。ここに御船《みふね》に入れたる楯《たて》を取りて下《お》り立ちたまひき。かれ、其地《そこ》を号《なづ》けて楯津《たてつ》といひき。今に日下《くさか》の蓼津《たでつ》といふ。ここに登美毘古《とみびこ》と戦ひたまひし時に、五瀬命《いつせのみこと》、御手《みて》に登美毘古《とみびこ》が痛矢串《いたやくし》を負ひたまひき。かれここに詔《の》りたまはく、「吾《あ》は日の神の御子として、日に向ひて戦ふこと良からず。かれ賤《いや》しき奴《やつこ》が痛手《いたで》を負ひぬ。今より行き廻《めぐ》りて背《そびら》に日を負ひて撃《う》たむ」と期《ちぎ》りて、南の方《かた》より廻り幸《い》でましし時、地沼海《ちぬのうみ》に到りて、その御手の血を洗ひたまひき。かれ地沼海《ちぬのうみ》といふ。其地《そこ》より廻り幸《い》でまして、紀国《きのくに》の男之水門《をのみなと》に到りて詔《の》りたまはく、「賤《いや》しき奴《やつこ》が手を負ひてや死なむ」と男建《おたけ》びをして、崩《かむあが》りましき。かれ、その水門《みなと》を号《なづ》けて男《を》の水門《みなと》といふ。陵《みはか》は紀国《きのくに》の竈山《かまやま》にあり。

【現代語訳】

さてその国から上って行かれたとき、浪速渡《なみはやのわたり》をへて白肩津《しらかたのつ》に船をお停《と》めになった。このとき、登美《とみ》のナガスネビコが軍勢を起こして、待ち受けて戦った。そこで、御船に入れてあった楯《たて》を取って船から下《お》り立たれた。それで、その地を楯津《たてつ》といった。今も日下《くさか》の蓼津《たでつ》とよんでいる。こうしてトミビコ（ナガスネビコ）と戦われたとき、イツセノ命は、御手にトミビコの手痛い矢をお受けになった。

そこでイツセノ命が仰せられるには、「私は日の神の御子として、日に向かって戦うのは良くなかった。それで賤《いや》しい奴《やつ》の矢で重傷を負ったのだ。今からは遠回りをして、日を背に負うて敵を撃《う》とう」と誓《ちか》い、南の方から回ってお進みになったとき、血沼海《ちぬのうみ》に至ってその御手の血をお洗いになった。それでその海を血沼海《ちぬのうみ》という。そこからさらに回って進まれ、紀伊国の男之水門《おのみなと》に至って仰せられるには、「賤しい奴のために手傷を負うて死ぬことか」と雄々しくふるまって、お亡くなりになった。それで、その水門を名づけて男《お》の水門《みなと》という。御陵《みはか》は紀伊の国の竈山《かまやま》にある。

【解説】

東征軍は、吉備（岡山県）から明石海峡を通り、浪速の渡を経て、白肩津に到着する。「白肩津＝日下の蓼津」は、生駒山の西麓の東大阪市日下町付近とする説が定説となっている。現在は大阪平野の奥深くになっているが、弥生時代は、現在の大阪湾の更に東に河内湾が存在し、現在の大阪平野の多くは海であった。河内湾の東には奈良県との県境をなす生駒山地が南北に走り、西は上町台地が南から北に延び、大阪湾との境をなしていた。その河内湾の最奥に東征軍は上陸したのである。この河内湾はその後大阪湾と砂州で遮られ、古墳時代中～後期には河内湖となり縮小を続け、記紀が編集された七～八世紀には日下の蓼津は陸地になっていたとのことである。古田武彦氏はこの上陸地点が、記紀の編集時の地形でなく弥生時代の地形を前提にしていることが、この記述が記紀の編集者たちのフィクションでなく、古来の伝承であることを物語っているとしている（㉙次田　１９８０　p23

〜24、⑩古田　１９９１　p19〜21）。

対戦相手の総大将は登美のナガスネビコである。登美は古代の鳥見郷《とりみのさと》、生駒山の東の奈良市西部の富雄町付近の古名である（㉙次田　１９８０　p23）。奈良に本拠地を置く豪族の勢力が生駒山地を越え大阪に布陣し、そこへ東征軍が上陸する正面突破作戦であった。そして東征軍は敗れるのである。総大将の五瀬《イツセノ》命は重傷を負い、やむなく正面突破から迂回作戦に変更するのである。そして、血沼海⇓男の水門⇓竈山と進んでいく。血沼海とは和泉国和泉郡（大阪府南部）の海、男の水門とは大阪府泉南市男里の船着場である。そして、和歌山市和田に五瀬命を祭る竈山神社があり、近くにある古墳を竈山陵と伝えている（㉙次田　１９８０　p23）。つまり、紀伊半島西岸を南下していくのであり、非常にリアルである。もしこれが記紀の編集者たちのフィクションであるとしたら、東征軍（天皇家の祖先）が大敗を喫するなどというストーリーは決して描かないのではなかろうか？　伝承でそのように伝えられていたので仕方なかったのである。

（4）神武天皇の即位

かれ、ここに邇芸速日命《にぎはやひのみこと》参赴《まゐおもむ》きて、天つ神の御子に白《まを》さく、「天つ神の御子天降《あも》りましぬと聞きしかば、追ひて参降《まゐくだ》り来《き》つ」とまをして、即ち天つ瑞《しるし》を献《たてまつ》りて仕へ奉りき。かれ、邇芸速日《にぎはやひの》命《みこと》、登美毘古《とみびこ》が妹《いも》登美夜毘売《とみやびめ》を娶《めと》して生みし子、宇麻志麻遅命《うましまぢのみこと》。こは、物部連《もののべのむらじ》・穂積臣《ほづみのおみ》・婇臣《うねめのおみ》の祖《おや》なり。かれ、かく荒ぶる神どもを言向《ことむ》け平和《やは》し、伏《まつろ》はぬ人どもを退《そ》け撥《はら》ひて、畝火《うねび》の白檮原宮《かしはらのみや》に坐《いま》して、天《あめ》の下治《し》らしめしき。

【現代語訳】

さてここに、ニギハヤヒノ命が、イハレビコノ命のもとに参上して、天つ神の御子に申しあげるには、「天つ神の御子が天降って来られたと聞きましたので、あとを追って天降って参りました」と申して、やがて天つ神の子であるしるしの宝物を献《たてまつ》って、お仕え申しあげた。そして、ニギハヤヒノ命は、トミビコの妹のトミヤビメと結婚して生んだ子がウマシマヂノ命で、この人は、物部連《もののべのむらじ》、穂積臣《ほずみのおみ》・婇臣《うねめのおみ》の祖先である。さて、このようにしてイハレビコノ命は、荒ぶる神たちを平定し和らげ、服従しない人たちを撃退して、畝火《うねび》の白檮原宮《かしはらのみや》において天下をお治めになった。

【解説】

ナガスネビコとの最終決戦がどうなったのかは古事記には描かれていない。ここには原文・訳文は掲載しなかったが、ナガスネビコを討伐しようとしたときに歌われた久米歌が記載されているのみである。日本書記ではナガスネビコは、帰順しようとしている主人のニギハヤヒノ命に反対し、徹底抗戦を主張した為、ニギハヤヒノ命に殺されてしまうと描かれている。そして、ニギハヤヒノ命はイハレビコノ命に帰順するのである。

このニギハヤヒノ命とナガスネビコの妹のトミヤビメの間に生まれたのがウマシマジノ命で、物部連などの祖先となる。物部連は大和朝廷の軍事・刑罰をつかさどった古代の大氏族である（㉙次田　1980　p43）。物部の「もの」は「鬼神」「兵器」を意味する。すなわち、「祭祀」と「軍事」である（㉝戸矢　2011　p126〜128）。帰順したとはいえ、「祭祀」と「軍事」を手中に収めているのであり、一臣下の域を超えた勢力であったことが推測される。

そして、この「もの」で思い出すものがもう一つある。それは奈良、三輪山の祭神である大物主神であり、鬼神（祟り神）であり軍事の神であったと推測される（㉙次田　1980　p86〜92）。そして、伝承では大物主神を祭ったのは出雲の大国主命である（⑮次田　1977　p138〜141、㉙次田　1980　P92）。

私は、ニギハヤヒ命は出雲系と考える。天下ったのは高天原（九州北部）からでなく、出雲からである。北部九州と並ぶ先進国の出雲の勢力が畿内に進出し、本国の出雲が高天原に国譲りした後も、出雲文化は畿内で栄えていたのである。銅鐸は出雲文化の一つである。そして彼らの祭神は、大物主神であった。しかし、高天原（九州北部）の勢力はとうとう畿内にまで及び、出雲系の文化は次第に消えていくのであるが、大物主神などの出雲文化の痕跡はあちこちに残るのである。

第3章　考古学的検証

1　銅鐸

（1）はじめに

銅鐸とは、その原型は中国から朝鮮半島経由で日本に伝わり、日本で独自に進化した祭祀用の釣鐘であるというのが定説である。そして、銅鐸が製作された年代の後期には巨大化し、高さが一m以上のものも現れ、もはや吊るすことは出来ず、置いて鑑賞したといわれている。

銅鐸の型式による編年はほぼ確立しているにも関わらず、その絶対年代はほぼ未確立である。そしてその型式（＝年代）により、分布地域が変遷した後に突然消滅し、その後に痕跡を残さないのである。

私は日本の古代を探るにあたって、銅鐸はもっとも鍵になる遺物であると考える。

（2）編年と年代

銅鐸については、佐原真氏が主に鈕の形態の変化により編年され、四型式に分類されたものが一般化しており、異論はほとんどない（銅鐸分布考（ＨＰ）より）。しかし、これは相対年代については異論がほとんどないということであり、絶対年代については百家争鳴の状態である。理由は、弥生土器と一緒に見つかった銅鐸が一つもないことに起因している。遺物の年代を決める有効な手がかりは、それがどんな土器と一緒に出土したかというところにある。弥生土器は土器編年表がかなりしっかり出来上がっているので、土器さえ一緒に出てくれれば年代を決めるのは難しくない。しかし、何故か一例もないのである（㉖安本　２０１４　p11）。

　佐原氏が提唱する銅鐸の鋳造開始年代は紀元前二〇〇年前後である（㉖安本　２０１４　p14）。これは一部の銅鐸についている「流水紋」という文様が、紀元前二世紀頃の弥生土器についている「櫛描き流水紋」を取り入れたものだという考えから割り出している（㉖安本　２０１４　p11～12）。これに対し杉原荘介氏は、西暦一〇〇年頃と主張した。考古学者の藤瀬禎博氏も「銅鐸と女王国の時代（松本清張編）」の中で、九州初の銅鐸鋳型が出土した、佐賀県の安永田遺跡の時期を弥生時代中期末（西暦紀元後一世紀ないしその直前）であるとした。そして、弥生時代中期中葉から後葉に鋳造開始が確認されている銅剣・銅矛・銅戈より高度な技術を要求される銅鐸が、より以前から鋳造されていたとは考えられないとしている（㉖安本　２０１４　p13～14）。また、唐古・鍵遺跡の文様を研究した藤田三郎氏によると、銅鐸に付いているような流水紋は、第Ⅳ式（紀元後一世紀頃）にもあると言っている（㉖安本　２０１４　p17、㉞森・石野　１９９４　p65）。

　次に銅鐸の終焉にかかる議論である。森浩一氏は、弥生時代とともに大局的には銅鐸は終わったということはまず間違いないとしている（㉖安本　２０１４　p18、㉞森・石野　１９９４　p77）。また石野博信氏によると、荒神谷遺跡の銅剣埋納地の焼土を熱ルミネッセンス法で年代を出してみると、紀元二五〇±一八〇年と出たとのことである（㉖安本　２０１４　p18、㉞森・石野　１９９４　p76）。また石野氏は、銅鐸の埋納時期を弥生時代後期とし、弥生時代の終わりの段階で埋めている例が多いのではないかとしている（㉖安本　２０１４　p19）。そして森氏、石野氏ともに銅鐸の終焉年代をもっとも新しく見た場合、三世紀後半の二九〇年頃としている（㉖安本　２０１４　p19）。

また、鉛同位体比を利用した四軸のレーダーチャートを使用して鏡の編年表を作成した藤本昇氏は（詳細は後述の「２　卑弥呼の鏡」参照）、同じ方法で銅鐸も編年しており、銅鐸の制作時期を一世紀後半から三世紀後半としている（㊾宝島社　２０１６　p84）。

以上より、私は銅鐸の制作年代を紀元後一〇〇年頃から三〇〇年頃と推測する。

（３）分布

佐原真氏の編年は銅鐸を大きく四種類の型式に分類し、さらにその型式の中で細分している。具体的には、①菱環鈕式（一、二式）⇒②外縁付鈕式（一、二式）⇒③扁平鈕式（一、二式）⇒④突線鈕式（一～五式（二～五式は二式の一部の流水紋銅鐸を除き近畿式と三遠式に大別される））と変遷する（銅鐸分布考（HP）より）。そしてそれぞれの型式により分布も変化する。この佐原編年を採用し考察していきたい。

銅鐸の型式ごとの分布については、「青銅器埋納地調査報告書Ⅰ（銅鐸編）島根県埋蔵文化財調査センター・島根県古代文化センター編（二〇〇二年三月刊）」を使用し、安本美典氏が行っている（㉖安本　２０１４　p26～）。安本氏は①菱環鈕式（出土数が五個と僅少）を除く三型式について統計的分析を行っている（④突線鈕式は近畿式・三遠式と分類）。その概要を以下に述べたい。

②外縁付鈕式銅鐸

一式について出土数は四九個である。島根県より全体の四六・九％の二三個が出土している。次いで兵庫県より八個出土している。その他中国、近畿地方を中心に出土しているが、一県あたりの出土数は三個以下である。四国からの出土はない。中心地は圧倒的に島根県である。

二式について出土数は四二個である。島根県より全体の二八・六％の一二個が出土している。次いで兵庫県より八個出土している。その他鳥取県、香川県、大阪府から四個ずつ出土するなど、一式に比べ山陰、瀬戸内西部、近畿に分布が平均化し、島根県が最多ではあるものの相対的比率は低下している。

③扁平鈕式銅鐸

出土数は一二一個であり、外縁付鈕式銅鐸の約二・五倍となる。最も多く出土しているのは兵庫県で、全体の一六・五％の二〇個が出土している。次いで多いのは、徳島県で一四・九％（一八個）、三位が大阪府で一二・四％（一五個）であり、島根県は四位の一一・六％（一五個）に退く。五位は和歌山県の九・一％（一一個）、六位が岡山県の七・四％（九個）、七位が香川県の六・六％（八個）である。兵庫・徳島・大阪・和歌山・岡山・香川の瀬戸内東部の一府五県で六六・九％（八一個）が出土している。これに対し島根・鳥取の山陰は一四・九％（一八個）であり、銅鐸文化の中心地は山陰から瀬戸内東部に変遷したといえる。

④突線鈕式銅鐸（近畿式・三遠式銅鐸）

出土数は六九個であり、扁平鈕式銅鐸の半分強となる。最も多く出土しているのは滋賀県で、全体の二三・二％の一六個が出土している。次いで多いのは、静岡県で一七・四％（一二個）、三位が和歌山県で一五・九％（一一個）、四位が大阪府で八・七％（六個）、五位が愛知県で七・二％（五個）である。

扁平鈕式銅鐸が全体の一六・五％（二〇個）出土していた兵庫県は二・九％（二個）と激減している。次いで出土数が多かった徳島県も、一四・九％（一八個）から四・三％（三個）に、六位であった岡山県は七・四％（九個）から一・五％（一個）に激減している。それぞれ四位、七位であった島根県、香川県からの出土は皆無である。瀬戸内沿岸の分布はその東端である大阪府・和歌山県に偏り、近畿内陸部の滋賀県や東海地方の静岡県・愛知県に分布が変遷している。大阪府・和歌山県以東の近畿地方の二府四県（大阪府・和歌山県・京都府・滋賀県・奈良県・三重県）からの出土数は全体の五九・四％（四一個）、東海地方の二県（静岡県・愛知県）からの出土数は全体の二四・六％（一七個）であり、合わせてこの二府六県で八四・一％の五八個が出土している。

以上により、銅鐸文化の中心地は瀬戸内東部から近畿・東海地方に東遷したといえる。

（4）銅鐸文化圏の東遷

前述（3）により、銅鐸文化の発祥地は島根県とみるのが妥当であろう。はじめは島根県・兵庫県で栄えた銅鐸文化は、その後中心地を瀬戸内東部に移動し最盛期を迎える。その後、近畿・東海に移動し消滅する。私は銅鐸文化の発祥を紀元一〇〇年頃、終焉を紀元三〇〇年頃と仮定している。まことに大雑把な仮説ではあるものの、この銅鐸が製作された二〇〇年間に、銅鐸の四型式を五〇年ずつ当てはめてみた。つまり、銅鐸文化の絶対年代を二世紀前半が①菱環鈕式、二世紀後半が②外縁付鈕式、三世紀前半が③扁平鈕式、三世紀後半が④突線鈕式（近畿式・三遠式）という仮説である。この仮説によれば、二世紀後半の倭国大乱の時期には島根県・兵庫県で銅鐸文化は栄え、三世紀前半の邪馬台国の年代では瀬戸内東部で銅鐸文化は最盛期を迎える。そして、三世紀後半には近畿・東海地方へ移動した後、銅鐸文化は終焉するのである。

（5）銅鐸文化の終焉

島根県で発祥した銅鐸文化は東瀬戸内、そして近畿・東海へと伝播した。これは銅鐸文化を担った民族（以下「銅鐸民族」という）の東方への移動、つまり進出であろう。では、なぜ東方であったのか。これは西方には自らに匹敵する文明があり進出不可能であり、それで文明の空白地帯であった東方に進出したと推測する。そして、近畿・東海に到達した後、突然銅鐸文化は消滅し、その後にほとんど痕跡を残さないのである。銅鐸は記紀には全く登場しない。その後の文献である『扶桑略記』や『続日本後紀』に、それぞれ六六八年、七一三年の出土記録があるが、その当時は、もはや銅鐸というものが当時の人々にはわからなかったようである（㉟宇治谷　１９９２　p１４３）。

この状況は銅鐸民族が征服され、滅亡したとしか考えられない。先ほど銅鐸民族は東方に進出したと述べたが、もしかしたら西方の文明に圧迫を受けたため、東方に新天地を求め逃れたとも考えられる。その圧迫をした者は銅矛文化を担う者（以下「銅矛民族」という）ではなかろうか。東瀬戸内で銅鐸文化は最盛期を迎えるが、そこにも銅矛民族が進出し、銅鐸民族は近畿・東海に逃れるが、ついに征服され滅亡するのである。

私のこの仮説と同様の説を提唱している研究者も多い。武光誠氏は「北九州の銅剣を用いる祭祀が出雲に広まる中で出雲の銅鐸祭祀は衰えた。それによって、銅鐸祭祀の中心は東方の近畿地方に移ったとは考えられないだろうか」と述べている（㊱武光　２０１３　p63）。また、古田武彦氏や臼田篤伸氏は神武東征が銅鐸文化を滅ぼしたと提唱している（⑩古田　１９９１　p29〜31、㊲臼田　２００４　p１９２〜１９９）。

２　卑弥呼の鏡

（１）はじめに

魏志倭人伝には邪馬台国の女王卑弥呼が、魏の明帝から銅鏡一〇〇枚を下賜された記述がある。その鏡の型式を特定することは、日本の古代を解明するにあたって重要な鍵になる。

長年最も有力な候補とされてきたのが「三角縁神獣鏡」である。その理由は「景初三年」や「正始元年」といった卑弥呼が魏に使者を派遣した年号が鏡に入っているものもあるためである。

しかし、三角縁神獣鏡は中国から一枚も出土していない。日本でも弥生時代の遺跡からは出土していない。よって卑弥呼より後の時代の国産鏡であるという説もある。さらに、鉛同位体比の研究から三角縁神獣鏡は魏で製作されたものではないという説も登場し、「卑弥呼の鏡＝三角縁神獣鏡」説は揺らいでいる。

ここでは卑弥呼の鏡について検証していきたい。

（2）日本出土の紀年鏡

日本出土の弥生時代から古墳時代にかけての鏡は四〇〇〇枚以上にのぼり、うち三角縁神獣鏡は五〇〇枚以上を占める。しかし、三国時代の紀年鏡はわずか一一枚（魏の年号九枚、呉の年号二枚）で、その中で三角縁神獣鏡は四枚を占める。そして、紀年三角縁神獣鏡のうち、年号が景初三（AD二三九）年の鏡が一枚、正始元（AD二四〇）年の鏡が三枚である。景初三（AD二三九）年は、邪馬台国が魏に遣使し魏帝から銅鏡一〇〇枚等を下賜された年であり、翌年の正始元（AD二四〇）年は、帯方郡の太守が倭王に遣使し鏡等を下賜した年である。

また、景初四（AD二四〇）年という実際にありえない年号の斜線盤龍鏡が二枚出土している。景初三年一二月に改元の詔が出され、翌年から正始元年とすることとなったため、景初四年は存在しない。ここから、王仲殊氏をはじめとする三角縁神獣鏡日本製説論者は、改元の詔が伝わらないような僻遠の土地、すなわち倭の土地での製作を想定している⑲王　１９９８　p２１２、㊳福永　２００３

p49）。私もこの鏡は倭、又は、朝鮮半島で製作されたものと想定しているが、この鏡は厳密には三角縁神獣鏡ではない（王仲殊氏は三角縁龍虎鏡（三角縁盤龍鏡）として、三角縁神獣鏡に含めている）。ここでは、まず三角縁神獣鏡に焦点を当てて考察したい。

（3）三角縁神獣鏡について

① 三角縁神獣鏡の型式について

「三角縁神獣鏡のような絶対にありえない図像構成をもつ鏡は中国出土鏡にはない」と、岡村秀典氏は述べている（㊳福永 2003 p19）。三角縁神獣鏡は画文帯四神四獣鏡をベースに、画像鏡の要素を取り入れて成立したものであるが、神像の構成と配置は本来の中国の宇宙観から外れているというのである。また、図像・銘文は、既存の文様・字句をつぎはぎしており、宇宙を表した中国鏡の流れを受けながら、思想的には全く異質の鏡であると岡村氏は述べている（㊳福永 2003 p18）。そして、三角縁神獣鏡は画文帯四神四獣鏡から派生し、その本流から大きく外れてしまったものだと結論付けている（㊳福永 2003 p20）。

福永伸哉氏は、三角縁神獣鏡の鈕孔は基本的に横長の長方形にほぼ限られ、そういう特徴的な鈕孔を持っているということは、中国鏡の中では異質と述べている（㊳福永 2003 p59）。そしてもう一つの特徴は、三角縁神獣鏡以外の中国鏡では類例がたいへん少ない外周突線があると述べている。外周突線がみられるのは他に斜線二神二獣鏡であるが、当該鏡は円形鈕孔である。よって、外周突線を持つ斜線二神二獣鏡を製作していた工人と、長方形鈕孔の手法で規矩鏡などを作っていた工人たちが、どこかで合作して三角縁神獣鏡を作る体制になったのではと結論付けている（㊳福永　2003　p61～62）。

また、小山田宏一氏は、「三角縁神獣鏡は、製作技術からみて中国製の系譜で理解できる鏡であることは事実として認めなければいけませんが、型式学的に連続することから、日本での生産を考えた方が、型式学的変化を整合的に理解できる」と述べている（ただし、紀年銘鏡は中国製とする立場である）（㊳福永　2003　p76）。

以上より三角縁神獣鏡は、色々な中国鏡の図像・字句・文様をブレンドした型式であり、その変遷が連続している。そして、その図像・字句には思想的背景がない。極端に言えば、製作者が気に入った既存の中国鏡の図像・字句・文様を、何の思想的背景もなく貼り付けていった鏡である。

前述した王仲殊氏は、後漢中・後期には洛陽のある中原から北方にかけての地域では、内行花文鏡・方格規矩鏡など様々な銅鏡が広く作られたが、画像鏡や神獣鏡は全く流行していないと述べている。そして、長江流域で出土した呉鏡と三角縁神獣鏡を比較し、類似点が少なからずあると指摘した（⑲王　1998　p24～25）。三角縁神獣鏡の図像・文様が中国南方系であると指摘する研究者は多く、通説と言ってもよいと考える。

② 三角縁神獣鏡の製作地について

藤本昇氏は、鉛同位体比を利用した四軸のレーダーチャートを考え出し、鏡の製作地を検証している。氏によれば「三角縁神獣鏡は漢鏡等の中国鏡と全く異なるチャートを示しており、鏡の鉛同位体比でみる限り、三角縁神獣鏡は中国鏡でない」と結論付けている。また、「中国ではその原料となる鉛がなかったからこの鏡は作れず、出土することもないのは自明のことであろう」としている（52宝島社　２０１６　p81）。

日本の考古学会では、三角縁神獣鏡は舶載鏡（中国製）と傍製鏡（日本製）に分かれるとこれまで信じられていた。しかし、藤本氏のレーダーチャートでみると、舶載鏡とされる鏡も傍製鏡とされる鏡もほとんど重なり、ほぼ同じチャートを示している。そして、「三角縁神獣鏡に舶載鏡と仿製鏡という区分はなく、全部日本製となる」と結論付けている（52宝島社　２０１６　p82）。また紀年銘鏡さえも、「魏鏡のチャートとは全く異なり、これらは魏の鏡とはいえない」としている（52宝島社　２０１６　p85）。

そして最後に、日本の神岡鉱山（岐阜県飛騨市）の鉛が三角縁神獣鏡にフィットするとしている（52宝島社　２０１６　p91）。藤本氏の説に異論をはさむ余地はない。

③ 三角縁神獣鏡の年代について

鏡の時代別変遷について、安本美典氏は科学的考察を試みている。主に文様（北方系か南方系）、銅原料（北方系か南方系）、中国王朝の動きの三点から考察している（なお銅原料については鉛同位体比の分布を利用している）（㊴安本　２０１５　p47〜）。

魏から西晋初頭の鏡は文様も銅原料も北方系である（仮に第一期とする）。西晋中葉以降の鏡の文様は北方系であるが、銅原料は南方系となる（仮に第二期とする）。東晋になると、文様も銅原料も南方系となる（仮に第三期とする）。これを中国王朝の動きと重ねると次のようになる。

第一期は魏、及び、その後継国の西晋の勢力範囲は北方であった。よって文様も銅原料も北方系である。第二期では、西暦二八〇年に西晋が呉を滅ぼし中国を再統一する。都は洛陽のままであり文化（文様）は北方系のままであるが、南方から豊富な銅原料の入手が可能となる。第三期では、西晋が滅び、西暦三一七年に西晋の王族により南方の建業を都とする東晋が樹立される。よって文化（文様）も銅原料も南方系となる。

三角縁神獣鏡は第三期の特徴を持つ。中国鏡であれば東晋鏡、又は、呉鏡であり、国産鏡であれば東晋、又は、呉の文化の影響を受けて、中国南方の銅原料を使用し製作されたものであると推測される。なお王仲殊氏は、「呉の職人が海を渡って東方の日本に行き、その日本で作ったものと言わざるを得ない」としている（⑲王　１９９８　p25）。

そして、三角縁神獣鏡が出土する古墳は四世紀以降のものである。

なお、藤本昇氏は、前述②の鉛同位体比を利用した四軸レーダーチャートにより、鏡の編年表も作成しており、三角縁神獣鏡は四世紀の鏡としている（㊷宝島社　２０１６　p84）。

④　三角縁神獣鏡は卑弥呼の鏡か

三角縁神獣鏡は画文帯神獣鏡や画像鏡、盤龍鏡などをモデルとして、方格規矩四神鏡や獣帯鏡などの文様を取り込んで作られた（㊳福永　２００３　p91）。前述したとおり色々な中国鏡の要素を取り入れているが、それには思想的背景がない。鏡の画像等の思想的背景を知らないものが、色々な中国鏡を模倣して製作したように見える。年号でさえ模倣ではないだろうか。そして文様の特徴及び原料は中国南方系である。

以上より、三角縁神獣鏡は東晋、又は、呉の文化の影響を受け、中国南方の銅原料を使用し、卑弥呼の時代以降に日本で製作されたという仮説が成り立つのである。よって、卑弥呼が魏朝より下賜された鏡という余地は極めて少ないと言わざるを得ない。

（４）卑弥呼の鏡

安本美典氏は寺沢薫氏、奥野正男氏、小山田宏一氏が作成した庄内様式期の出土鏡の鏡種の分類によれば、最も出土例の多い鏡種は内行花文鏡と方格規矩鏡であり、その大多数が福岡県、佐賀県などの九州北部で出土していると述べている（㊴安本　２０１５　p56〜60）。

奥野正男氏は、弥生時代末期の遺跡から出土する中国鏡は方格規矩鏡で、次いで長宜子孫系内行花文鏡、四螭鏡、虁鳳鏡、獣帯鏡、鳥文鏡、獣形鏡とし、方格規矩鏡を卑弥呼が下賜された鏡の第一候補にあげている（⑫奥野　２０１０　p187〜188、p203）。

徐苹芳氏は、次のように述べている（㊵安本　2015　p75）。

「考古学的には、魏及び西晋の時代、中国の北方で流行した銅鏡は明らかに、方格規矩鏡、内行花文鏡、獣首鏡、夔鳳鏡、盤竜鏡、双頭竜鳳文鏡、位至三公鏡、鳥文鏡などです。従って、邪馬台国が魏と西晋から獲得した銅鏡は、今挙げた一連の銅鏡の範囲を越えるものではなかったと言えます。とりわけ方格規矩鏡、内行花文鏡、夔鳳鏡、獣首鏡、位至三公鏡、以上五種類のものである可能性が強いのです」

以上より弥生時代末期の遺跡から出土する中国鏡と、魏・西晋時代に中国の北方で流行した鏡とほぼ同じである。卑弥呼が魏から下賜された鏡は、徐氏が挙げた五種類の鏡であるという仮説は妥当であると考える。そして安本氏が述べるように卑弥呼が下賜された鏡は、特に日本の弥生末期（庄内様式期）の遺跡から圧倒的に多く出土する方格規矩鏡又は内行花文鏡である可能性が高いと考える。

なお、卑弥呼の鏡に関しては、次節の「卑弥呼の墓」の中でも触れる。

3　卑弥呼の墓？……箸墓古墳

（1）卑弥呼の墓

魏志倭人伝に記載のある卑弥呼の墓に比定されている墳墓で、最も有名なのが奈良県桜井市の纒向古墳群にある箸墓古墳である【写真⑩】。ここではその可能性を検証していきたい。

写真⑩　箸墓古墳（奈良県桜井市）

（2）伝承

日本書紀によれば、箸墓は倭《やまと》迹迹《とと》日《び》百《もも》襲《そ》姫《ひめの》命《みこと》の墓である（⑱宇治谷　1988　p129）。彼女は崇神天皇の時代に活躍した人で、崇神天皇の大叔母であり（⑱宇治谷　1988　p127）、大物主神の妻である（⑱宇治谷　1988　p128）。そして日本書紀の記述によれば、シャーマンであったと推測される。シャーマンであったことは卑弥呼と重なるが、卑弥呼は邪馬台国の女王であり独身である。また、活躍したのは三世紀半ばであるが、崇神天皇が活躍したのは四世紀とする説が主流である。よって、伝承による限りでは、箸墓が卑弥呼の墓と推定するのは難しいようである。

（3）構造

箸墓古墳は宮内庁管轄の陵墓であり、未だ発掘調査は行われていない。よってその構造は推測、又は、他の同時期の古墳の構造を参考とするしかない。

安本美典氏は、箸墓古墳の構造について、二〇一二年九月一二日夕刊の大阪本社版の「朝日新聞」の記事を引用している㊶安本　２０１３　p23～24）。内容は朝日新聞が、情報公開請求で、宮内庁から入手した資料で明らかになった古墳の構造についてのものである。それには箸墓古墳後円部頂の想像図があり、古墳の埋納部が「竪穴式石室（郭）」の中に棺が納められている形で描かれている。

また、箸墓古墳の東方一五〇ｍに、全長約八〇ｍ、後円部径約五五ｍ、前方部長約二五ｍの纏向型前方後円墳であるホケノ山古墳がある。年代は箸墓古墳と同年代、又はやや早い年代というのが通説である。ホケノ山古墳は、一九九九年～二〇〇〇年にかけて発掘調査が行われ、石囲い木槨（積石木槨）と呼ばれる石室が明らかとなった㊷奈良の古代文化研究会　２０１０　p48～49、㊸奈良県立橿原考古学研究所　２００１　p37～39）。

魏志倭人伝は倭人の葬制を記し、「棺あって郭なし」とある。安本氏は、箸墓古墳やそれよりも年代が遡る古墳に郭があったのでは、魏志倭人伝の記載に合わないと述べている㊶安本　２０１３　p24、p31～32）。

箸墓古墳の墳丘の周辺に落下した石は、地元で採れる花崗岩の川原石が圧倒的に多く、墳丘に表面を覆う葺石に用いられていたものとみられている㊷奈良の古代文化研究会　２０１０　p51）。なお、朝日新聞が情報公開請求により入手した資料によると、箸墓古墳の後円部頂上部分が全面に石を積んだ特異な構造である（朝日新聞二〇一二・九・九）。そして、川原石に交じって扁平な板石が見つかる。これは橄欖石玄武岩《かんらんせきげんぶがん》と呼ばれる火山岩で、石室など何らかの内部施設の石材として用いられた可能性があり、石の産地に詳しい奥田尚氏は、奈良県と大阪府の境にある芝山の玄武岩であると突き止めた（㊷奈良の古代文化研究会　２０１０　p51～52）。そして日本書紀にある箸墓古墳築造の記録では、「大坂山（奈良県北葛城郡二上山の北側の山）の石を運んで築造した」とある（⑬安本　２００８　p１１２）。石野博信氏も「箸墓古墳は倭迹迹日百襲姫命《やまとととびももそひめのみこと》の大市墓に比定されており宮内庁が管理している。『日本書紀』の崇神天皇十年九月の条には『日《ひる》は人が作り夜は神が作った。大坂山から人々が並んで手送りで石を運んだ』という古墳築造説話が記録されている。箸墓古墳の葺石は黒雲母花崗岩と斑糲《はんれい》岩《がん》で近くの初瀬川から採取されたらしいが、石室材はカンラン石輝石玄武岩で大阪府柏原市国分の芝山産と推定され、伝承と一致する」と述べている（⑬安本　２００８　p１１２～１１３）。

　つまり、考古学的事実と日本書紀の記録は一致し、箸墓古墳が崇神天皇の時代に築造された可能性は高い。そして、崇神天皇陵（行燈山《あんどんやま》古墳）の築造年代については、円筒埴輪の編年について画期的な業績を示した筑波大学の考古学者川西宏幸氏はＡＤ三六〇～四〇〇年頃としている（⑬安本　２００８　p１１３）。

（４）年代

二〇〇九年五月三一日に日本考古学会の研究発表会において、国立歴史民俗博物館（以下「歴博」）

の研究グループが、放射性炭素年代測定（以下「C14法」）により、箸墓古墳の築造年代を二四〇年代～二六〇年代と報告した。これが事実とすれば、箸墓古墳の築造年代は卑弥呼の死亡時期と重なり、「箸墓古墳＝卑弥呼の墓」の可能性が高くなり、当然邪馬台国畿内説に極めて有利となる。しかし、この報告は波紋も呼んでいる。

この報告に関し、数理考古学者の新井宏氏は「土器付着炭化物の炭素年代は五〇年～一〇〇年、あるいは、それ以上古く出る傾向が明瞭であり、正しい値を示していると思われる木材、竹、種実などと同列に比較することはできない」と指摘している（㊹安本　２００９　p36）。その理由について同氏は「炭化物は、活性炭のような性質をもち、土壌に含まれている腐植酸を吸着しやすい性質をもつことによっておきる汚染にもとづくことが強く疑われている」と述べている（㊺梓書院　２０１６　p17）。

また、西田茂氏は、二〇〇三年の歴博による弥生時代の開始年代が五〇〇年ほど早まるという問題提起に対し、「土器付着炭化物を試料とした年代測定値は、クルミ殻や炭化木片を試料としたものよりも古い数値を示すものが多いので、歴博からの新説には解決すべき事柄が伏在している」と指摘している（㊹安本　２００９　p77）。そして同氏は、「土器付着炭化物は『試料の安定性を欠くもの』であり、これらに依拠する弥生時代の始まりが早まるという見解には賛同できない」と記している（㊺梓書院　２０１６　p12）。

安本美典氏は、「土器付着炭化物によるデータが信頼できるという証明をなんら行わないまま、歴博は土器付着炭化物にもっぱら依存して、「箸墓は卑弥呼の墓」説を説いている。歴博のデータは、異論の余地があるものが大部分である。ほぼ確実に信頼できるといえるデータは、ほとんどないといってよい」と結論付けている（㊹安本　２００９　p27）。そして、「自説に都合の悪い説には目をつむり、自説に都合のよい事実だけをとりあげるのであれば、どんな学説でもできてしまう」と痛切に批判している。

関川尚功氏は、ホケノ山古墳や箸墓古墳から出土した土器に着目して以下のように述べている。「ホケノ山古墳の主体部からは、布留式土器の典型といえる小型丸底壺が出土している。この小型丸底壺は、庄内式の段階ではまったく出土しない。小型丸底壺は、庄内と布留を分ける重要な指標として使われてきたものである。したがって、ホケノ山古墳は、布留式の古いところ布留Ｉ式期のものとみるべきである。（中略）箸墓古墳とホケノ山古墳とは、ほぼ同時期のもので、布留Ｉ式のものであり、古墳時代前期の前半のもので、四世紀中頃前後の築造とみられる（㊺梓書院　２０１６　p42）」。そしてこの関川氏が提唱する年代は、前記（３）に記したように崇神天皇の年代と一致し、日本書紀の記録と矛盾しない。

関川氏は埴輪の変遷にも着目して次のようにも提唱している（以下の記述はその概要である）。「箸墓古墳の埴輪は、吉備系の特殊器台・埴輪に限られる。ところが、箸墓に後続する西殿塚古墳においては、吉備系の埴輪は少量で、多くは特殊埴輪の形状をとどめる無文の円筒埴輪で占められており、前期後半に一般化する普通円筒埴輪がわずかであるが出現している（㊿梓書院　２０１６　p7）。以上のように前期初めの古墳においては埴輪の転換がかなり早く、すでに後半期にみられる埴輪も現れている。よって、古墳時代前期前半の時間的な間隔というものは、かなり短いということが分かる（51）梓書院　2016　p9）。古墳時代中期を五世紀にあてるという年代の大枠は、今日でも変化はないはずである。そして、中期に先立つ前期後半の時期が小林行雄により四世紀後半とされた。先述の前半が長くならないとすれば、その時期にあたる箸墓古墳も四世紀後半を大きく遡るということは考えられない（51）梓書院　2016　p10）」

歴博の発表に関し、以上の指摘は的を射たものと考える。

また、前述（3）で述べたように、箸墓古墳と同時期の築造とされるホケノ山古墳の石囲い木槨の存在は魏志倭人伝の記述と矛盾する。そしてこれも前述（3）で述べたとおり、箸墓古墳の石室材の産地が日本書紀の記述と一致し、築造時期も日本書紀に記述されたとおり、崇神天皇の時代の可能性は高いと考えられる。

発掘された遺物によっても「箸墓古墳＝卑弥呼の墓」説は疑問がある。それは箸墓古墳の周濠から二〇〇一年に馬具が出土していることである。その馬具とは輪鐙《わあぶみ》であり、布留Ⅰ式の土器とともに出土している。つまり、布留Ⅰ式土器の時代は乗馬の風習があった時代ということになる。周濠は箸墓古墳築造の最後に造られたものと見られ、箸墓古墳本体の築造は周濠造営より二〇～三〇年遡る布留0式土器の時代というのが定説である。そして第1章で前述したように、「魏志倭人伝」に、倭には「牛馬なし」と記載されている。仮に「箸墓古墳＝卑弥呼の墓」とすれば、「牛馬なし」の時代の二〇～三〇年後の時代に乗馬の風習があったことになる。これを事実とみることは、邪馬台国畿内説をとる研究者でも否定的である。なお、魏志韓伝には邪馬台国時代の朝鮮半島について、「牛馬を乗用に使うことを知らない。牛馬はみな副葬にしてしまう」と記載されており、当時は朝鮮半島にさえ乗馬の風習はなかった。

以上より、私も関川氏と同様に箸墓古墳の築造年代は少なくとも四世紀であり、三世紀に遡る余地はないと考える。よって箸墓古墳は卑弥呼の墓ではない（⑬安本　２００８　p99～１０５）。

（5）卑弥呼の墓はどこか（㊾梓書院　２０１６　p64～90）

① 福岡県平原王墓

箸墓古墳ほど話題にはなっていないものの、九州北部にも卑弥呼の墓に比定されている墳墓がある。それは福岡県糸島市にある平原王墓である。安本美典氏は各研究者の見解を下記のとおり紹介している。

＊　**宮崎公立大学の教授であった考古学者の奥野正男氏**

「平原出土の方格規矩四神鏡が後漢晩期のものであるとすれば、共伴の大型国産鏡の制作年代の上限も三世紀におくことが可能である。この三世紀はまさしく卑弥呼の時代に相当し、一墳墓に副葬された鏡の数においても、日本最大の大型国産鏡という点においても、平原遺跡は日本古代史最初の女王である卑弥呼の墓にふさわしい」

＊　**吉野ヶ里遺跡を発掘したことで著名な高島忠平氏**

「（平原王墓の被葬者としては、）『魏志倭人伝』に出てくる卑弥呼もその被葬者の候補の一人として考えていいのではないかと思っています」

＊　**元福岡大学の考古学者、小田富士雄氏**

「平原（王墓）になると、これはもう邪馬台国の段階に入っています」

＊　**考古学者の柳田康雄氏**

「（平原王墓の被葬者は、）三世紀初頭に埋葬された倭国最高権威にある巫女」

②　平原王墓は天照大御神の墓

平原遺跡を発掘した原田大六氏は、平原遺跡の墓を卑弥呼の時代よりも、少し前のものとみて、天照大御神の墓とした。原田氏は平原遺跡出土の大鏡と、伊勢神宮に納められた「八咫鏡《やたの》」とが寸法・文様において、一致していると考えた。彼の見解を要約すると下記のとおりである。

＊伊勢神宮に納められた「八咫鏡」は、天照大御神の霊代《たましろ》（神霊の代わりとされるもの）である。「八咫鏡」は記録からみて、平原遺跡出土鏡ほどの大きさが十分あったと考えられる。
＊平原遺跡出土の大鏡の円周は、ほぼ八咫の長さにあたる。
＊「八咫鏡」の文様について、「八《や》頭《た》花崎八葉形なり」という記録がある（「伊勢二所皇太神御鎮座伝記」）。これは平原出土の大鏡の「内行八花文（内向きの八つの円弧）」と、「八葉座（鈕（中央のつまみ）のところの八つの葉の文様）」にあたる。

そして原田氏は次のように述べている。

「神話の高天原の物語のほとんどは、実は北部九州の弥生時代の最後の史実によっている。また日本神話の実態を証明してきたのは、ひとえに平原弥生古墳によっている。ではこの古墳に葬られた人物は神話の中の誰にあたるのであろうか」

「神明造りの殯宮《もがりのみや》で八咫鏡を所持し太陽の妻であり、祭日が神嘗祭に近い日で神として祭られたというのが平原弥生古墳の被葬者の本質的性格である。神話は言うまでもなく天照大御神に相当する」

また、中国の考古学者の王仲殊氏は次のように述べている。「平原王墓出土の大鏡の直径四六・五cmは、まさに後漢時代の二尺にあたる、八寸をもって『咫』とする確かな記録がある。大鏡の直径は二尺で、その円周は八咫近くになる（54安本　2017　p34）」

王氏の説を補足すると次のようになる。

後漢時代の一尺は二三・一cm。よって一寸は二・三一cm。咫＝二・三一cm×八（寸）＝一八・四八cm。よって八咫＝一八・四八cm×八（咫）＝一四七・八四cm。平原王墓の大鏡の直径＝四六・五cm。よって鏡の円周＝四六・五cm×三・一四＝一四六・〇一cm。以上より「平原王墓の円周≒八咫」となる。

原田氏は前述したとおり、平原王墓を弥生時代最後の頃のものとしながら、天照大御神を卑弥呼より時代の古い人（神）とした。しかし、卑弥呼のことを神格化し伝説化したのが、天照大御神ではないかとする説が少なからぬ人々によって提唱されてきた。そして安本美典氏は、歴代天皇の平均在位年数より、天照大御神と卑弥呼は同時代の人物であるとした。また卑弥呼が下賜された鏡は、「内行花文鏡」、又は、「方格規矩鏡」の可能性が高い旨を「卑弥呼の鏡」で前述したが、平原王墓から出土した鏡四〇面のうち三九面は「内行花文鏡」と「方格規矩鏡」である（54安本　2017　p123～127）。そして出土した五面の大型内行花文（八葉）鏡は国内最大であり、一つの墳墓からの鏡の出土数は古墳時代のものも含め国内第二位である（54安本　2017　p157～159）。以上より安本氏は、「平原王墓＝天照大御神の墓＝卑弥呼の墓」であると提唱している（54安本　2017　p30～31）。

この見解は「箸墓古墳卑弥呼の墓説」に比べ、はるかに整合性のある仮説であると考えられる。

なお、鏡の件に関し再度述べることになるが、魏帝から下賜されたのは内行花文鏡であり、それをより権威のシンボルになりやすいよう巨大化させた国産鏡が平原王墓出土の巨大内行花文鏡であり、それが八咫鏡であると私は考えている。

（6）三世紀の墓制

最後に飯田眞理氏の説を引用し、三世紀の日本の墓制を考察したい（㊼梓書院　2016　p90～94）。

①　前方後円墳の起源

飯田氏は晋書武帝紀の次の記述に前方後円墳の起源を求めている。「泰始二（AD二六六）年十一月己卯倭人來獻（献）方物幷圜（円）丘方丘於南北郊二至之祀合於二郊」。私なりに訳すと、「泰始二（AD二六六）年に倭人が来朝し貢物を献上した。円丘と方丘をそれぞれ南側と北側に並べ、二カ所で行われる冬至・夏至の祭祀を一緒に行った」となる。諸説あるものの、「本来は円丘、又は、方丘で、冬至、又は、夏至に行っていた祭祀を（冬至に）一緒に行った」と解釈する。氏は祭祀の時に並べられた円丘と方丘が前方後円墳のルーツと考え、前方後円墳の発生は少なくともAD二六六年より後と唱えている。この説は他にも唱えている研究者がいるものの、前方後円墳の起源となる円墳や方墳は晋への遣使以前からあるとして反対する意見も多い。

私としては、AD二四七年、又は、二四八年に死去した卑弥呼の墓は前方後円墳ではなく円墳と考えている。しかし、前述した晋書の記述からは、円丘と方丘は一定の距離を置いて並べられていると私は読み取る。つまり、円丘と方丘は接してはいないのであるから、前方後円墳のルーツと考えるのは多少無理があるのではと私は考える。氏のこの説については今後の参考としたい。

② 前方後円墳の発生

飯田氏は、九州北部と近畿の初期前方後円（方）墳を比較している。そして三世紀に遡ることができる前方後円（方）墳は、九州北部のみに存在するとしている。つまり、前方後円（方）墳の発生地は、九州北部であると結論付けている。

氏が具体的に取り上げている一例を示せば次のとおりである。唐津市の中原遺跡にある前方後方墳ｓｔ１３１４５を三世紀半ばにあたるとし、それに隣接する前方後円墳ｓｔ１２０３２は連続して築造されており、時代は三世紀半ばから少し下る時期であり、最古の前方後円墳ではないかとしている。なお前方後方墳ｓｔ１３１４５については、柳田康雄氏も三世紀前半の出現期前方後方墳としている（66糸島市立伊都国歴史博物館　２０１４　ｐ51）。

③ 前方後円墳の伝播

前述②で説明したように、九州北部で発生した前方後円（方）墳が全国に広まった。同時期には山陰の四隅突出墓【写真⑪】や、吉備の双方中円墳があるが、それらは広まらなかった。つまり、北部九州で発生した前方後円墳が日本の標準となったのである。

④ まとめ

飯田氏の論文には登場しないが、九州北部には築造年代が三世紀に遡ると推定される前方後円墳が

写真⑪　四隅突出型墳丘墓〔西谷墳墓群二号墓〕（島根県出雲市）

他にもある。不弥国王墓ではないかとも言われ、築造年代が三世紀中頃～後半（宇美町ＨＰ等による）と推定される「光正寺古墳（福岡県糟屋郡宇美町）」や、三世紀末（Wikipedia等による）と推定される「赤塚古墳（大分県宇佐市）」などである。

以上より、九州北部の前方後円墳の墓制を持った人々は東に移動したと推定される。出雲や吉備など、独自の墓制をもつ先進地域を飲み込んで前方後円墳の墓制が広がっていくわけであるから、当然平和裏になどということにはならなかったであろう。

飯田氏は、加茂岩倉遺跡の三九個の銅鐸や荒神谷遺跡の三五八本の銅剣は、出雲の敗北によりその国の祭祀器であったものが埋められたものであると述べている。また、鳥取の青谷上寺地遺跡の大量の殺傷人骨も、前方後円墳文化圏の東方移動に伴う戦闘によるものとしている。そして、日本書紀の「もろもろの従わない神たちは誅せられ、草木・石に至るまで皆平らげた」の記述にも合致するとしている。

また飯田氏は東遷の理由として、九州北部のクニグニでは鉄器の普及による農業生産力の発達により人口が急激に増え、新天地を求めることとなったと推測している。その根拠として森浩一氏の以下の記述を引用している。「弥生中期及び後期における墓に葬られた人の数あるいは墓を営む人の数は、北部九州と近畿地方とでは格段の差があるという印象で……人口の圧倒的に集中しているのは北部九州といってよいであろう。」

4　鉄器

（1）鉄器の意義

国力とは「軍事力」と「経済力」であることに関し、異論を唱える人はあまりいないであろう。近代以降、一九世紀のイギリス、二〇世紀のアメリカを見てもこのことは証明されている。古代において、この「軍事力」「経済力」の双方に関わったものが「鉄」であった。鉄製兵器は戦闘力を、鉄製農・工具は生産力を飛躍的に向上させたからである。

魏志倭人伝に記載されている兵器には「鉄鏃」がある。同じく記載されている「矛」について、材質は記載していないが、銅矛はすでに祭器としてしか使用されていないため、兵器としての矛は「鉄矛」と考えることができる（⑫奥野　２０１０　p50）。また魏志東夷伝・弁辰条には「国は鉄を出す。

韓、濊、倭みな従いてこれを取る」という記述があり、朝鮮半島から鉄が輸入されていたことをうかがわれる（⑫奥野　２０１０　p66、⑬安本　２００８　p21）。つまり、邪馬台国はすでに鉄器時代に入っていたのである。

（２）鉄器の分布

まず、魏志倭人伝に登場する弥生時代の鉄鏃の出土状況をみると、最も出土数が多いのは福岡県で三九八、次いで熊本県で三三九、第三位が大分県で二四一であり、この九州北部の三県が突出している。これに対し近畿地方の出土状況は、京都府が一一二（四位）、兵庫県九二（八位）と比較的多く出土しているのはこの一府一県のみであり、奈良県に至ってはわずか四である。地域別にまとめると、九州地方七県で一一六八、これに対し近畿二府四県で二六六であり、九州地方の出土数が近畿地方の四倍以上となっている（⑬安本　２００８　p18）。

次に鏃以外の鉄器をまとめて検証してみたい。具体的には鉄刀・鉄剣・鉄矛・鉄戈の出土総数の比較である。最も多いのはやはり福岡県の一〇二である。第二位は京都府の四八であるが、第三位は佐賀県の三四、第四位は長崎県の三三と北部九州が続き、奈良県に至ってはわずか一である。地域別にまとめると、九州地方が二〇一、近畿地方が六九であり、九州地方の出土数が近畿地方の三倍近くとなっている（⑬安本　２００８　p20）。

以上より、弥生時代の鉄器の普及については、近畿地方より九州地方、特に北部九州が圧倒的に進んでいたことは確かである。

（3）鉄器と倭国大乱

井上光貞氏は「鉄器が普及し始めると農業の生産力が高まるとともに、より広い政治的支配を目指す戦争の時代に入っていくであろう。倭国の大乱の歴史的な背景として、この鉄器の普及を無視することはできまい」と述べている。それを引用して奥野正男氏は、「全くそのとおりで、鉄器が最も早く普及した地域の首長層の間で倭国の大乱が開始された……つまり、倭国の大乱の起きた地域が西日本全域ではなく、北部九州であったと私は考えるのであるが、邪馬台国に関する論議では大乱の範囲を西日本全域に求める考えの方がどういうわけか大勢を占めている」と述べている（⑫奥野　2010　p85）。

また、弥生中期後半に近畿地方で石製武器が〝爆発的〟に増加している事実を、邪馬台国畿内説をとる考古学者の小林行雄、佐原真、田辺昭三の各氏が主張している。これに関し直木孝次郎氏は、「弥生中期後半、瀬戸内海を中心として北部九州から畿内にいたる地域に乱がおこり、各地で争いが繰り広げられていたが、その戦いにおいて畿内地方が優位を示したことが、先に述べた石器の出土状況から推測される」と述べている。この直木氏の説に関しても奥野氏は「鉄器の出土状況からではなく『石器の出土状況』から畿内地方の優位を引き出すのである」と疑問をなげかけている（⑫奥野　2010　p89）。

そして奥野氏の主張は次のように続く。「だが弥生時代中期後半といえば既にみたように、北部九州の首長層は鉄器武器によって武装し、工具、農具、生産用具の多くが鉄器に変わりはじめ、石器から決別していく段階に入りつつあり、この段階の鉄製工具の増加はまさに中期後半に比べると〝爆発的〟と表現してよい」また、「これに対して同時期の畿内地方の石器の『爆発的増加』はたとえそれが事実であっても、鉄器の増加や普及とは本質的に異なる現象であろう。鉄器の普及が北部九州より一段階遅れ、石製武器に頼っている集団が、すでに鉄器社会に入りつつあった鉄製武器で武装している集団を政治的にも軍事的にも支配したという直木氏の結論は、『考古学からみた邪馬台国』というサブタイトルをつけながら、考古学的事実とはかなりかけ離れた、主観的畿内説となっている」(⑫奥野　2010　p90)。

さらに、奥野氏は次のように結論付ける。「この（倭国）大乱の時期を二世紀後半とすると、北部九州では、この時期（弥生後期中頃）を境にして、甕棺墓が衰微し、これに代わって箱式石棺墓と土壙墓が主流となるのである」、「鉄器の普及が進み、大乱が終息する時期に、北部九州では墓制の決定的交代が起きただけではなく、この弥生後期後半の段階から、この項で初めにふれた小型鏡の瀬戸内海沿岸部への舶載にはじまり、同時に箱式石棺墓、木棺墓など九州系墓制が瀬戸内海沿岸部から大阪湾周辺部へ広がっていくのである」(⑫奥野　2010　p96～97)。「倭国の大乱が終息し、先進地域の北部九州の首長層の上に立つ卑弥呼の政権が確立する三世紀代（弥生後期後半）に入ると、西日本各地に急速に鉄器が普及し、前記のような九州系の遺物や、鏡、武器、玉などを副葬する墳墓が現れてくる。このような考古学的事実は、倭国の大乱が北部九州で行われたという想定を矛盾なく裏付けている」（⑫奥野　2010　p99）。

この奥野氏の理論展開には異論を挟む余地はないと考える。

（4）まとめ

弥生時代中期後半に九州北部で鉄器がいち早く普及した。そして、弥生時代後期前半には井上光貞氏が主張するように「より広い政治的支配を目指す戦争の時代」に入っていったのであり、これが「倭国大乱」である。この大乱の中で勝ち残っていく集団が箱式石棺墓や土壙墓を造営し、従来の甕棺墓は衰微していく。大陸からの先進文化を受け入れて墓制の決定的交代が起きたのである。

そして倭国大乱が終息し、卑弥呼が共立され邪馬台国が成立する弥生時代後期後半には、西日本各地に鉄器が普及し、九州系の遺物や鏡、武器、玉などを副葬する墳墓が現れてくる。

以上より倭国大乱は九州北部で行われ、当然邪馬台国は九州北部に存在したことになる。より限定的に言えば、鉄器が最も多く出土している福岡県またはそれに隣接する佐賀県付近であろう。そして魏志倭人伝に登場し、邪馬台国に敵対する狗奴国は、その南方で福岡県に次いで多く鉄器を出土している熊本県付近であるとすると何の矛盾も生じないのである。

5　その他の遺物等

（1）矛

魏志倭人伝には「（倭人は）兵器に矛・楯・木弓を用いている」とある。

また古事記には「天つ神一同のお言葉で、イザナキノ命・イザナミノ命二柱の神に、『この漂っている国土をよく整えて、作り固めよ』と仰せられて、神聖な矛を授けて御委任になった。そこで二柱の神は、天地の間に架かった梯子の上に立たれ、その矛をさし下ろしてかき廻されたが、潮をごろごろとかき鳴らして引き上げられる時、その矛の先からしたたり落ちる潮水が、積もり重なって島となった。これがオノゴロ島である」という一節がある。

双方の文献に矛は登場し、魏志倭人伝では主要兵器、古事記では神聖な祭器として描かれている。

ここでは弥生時代の矛の分布状況をみていきたい。

安本美典氏は弥生時代の矛の出土状況について福岡県と奈良県を比較している（⑬安本　2008　p19～20）。

まず、実用武器としての鉄矛である。福岡県では鉄矛七本・鉄戈一六本出土しているが、奈良県はいずれも0である（古代人は「矛」も「戈」も、ともに「ほこ」と考えていたようである）。次に祭器としての銅矛である。広形銅矛・中広形銅矛・中広形銅戈は、福岡県では二〇三本出土しているが奈良県ではやはり0である。

そして弥生時代の金属器の分布について、よく知られているのが、「銅矛文化圏・銅鐸文化圏」である。銅矛の分布は九州北部と四国西部に偏在しており、銅鐸の分布は近畿・中国地方中部以東・四国東部・東海が中心である。この矛の分布状況をみる限り、魏志倭人伝の邪馬台国、古事記の高天原の影響下にあったのは九州北部と四国西部と言えよう。なお、銅鐸は魏志倭人伝を含む中国の史書、記紀を含む日本の文献に一切登場しない。

第1章の「魏志倭人伝」の解釈で、対馬の西海岸から浅茅湾にかけて銅矛を出土した遺跡が集中しているとし、帯方郡使船は対馬の西海岸を航行し、浅茅湾内に停泊したと指摘している烏越憲三郎氏の説を紹介した。その対馬の銅矛の出土数は一三五本にのぼる（64永留　1985　p83）。そして、対馬の上島の西海岸に著しく偏在している（64永留　1985　p80）。永留久恵氏は、「魏志倭人伝に、『南北市糴す』という対馬の中心はこの方面にあり、……」と指摘したうえで（64永留　1985　p91）、銅矛の出土場所が海辺に多く次いで山際に多いことから、ムラの境界を守護するためのものと述べている（64永留　1985　p103〜104）。しかし同著で、小田富士雄氏の「北部九州との対比において異常ともみえるほどの対馬における銅矛の出土量と、西海岸に圧倒的に多く分布している事実は、対馬島内の共同体内での宗教儀式のみに終始したと考えるだけでは肯定しがたいものがある」という言葉を引用し、壱岐における銅矛の出土が少ないことも含め、「御叱正とご教示を乞う」と締めている（64永留　1985　p107）。

九州や朝鮮半島も入った地図で見るとわかるが、対馬の西海岸は朝鮮半島に面している。つまりここが倭国の境界なのである。この大量の銅矛は、「ムラ」や倭国を構成する「クニ」の境界を守護することにとどまらず、「倭国という連合民族国家」の境界を守護するものではないかと、私は考えている。

（2）絹

魏志倭人伝には「（倭人は）桑を植え、蚕を飼い、絹糸を紡ぎ、絹織物を作っている」とある。また魏への献上品に「絹織物（倭錦・絳青縑・緜衣・帛布）」がある。

このことに関し、森浩一氏は、その著『古代史の窓』（新潮文庫　1998）の中で次のように述べている。「ヤマタイ国奈良説を唱える人が知らぬ顔をしている問題がある。（中略）布目氏（布目順郎、京都工芸繊維大学名誉教授）の名著に『絹の東伝』（小学館）がある。目次を見ると『絹を出した遺跡の分布から邪馬台国の所在地を探る』の項目がある。簡単に言えば、弥生時代に限ると、絹の出土しているのは福岡、佐賀、長崎の三県に集中し、前方後円墳の時代、つまり四世紀とそれ以降になると奈良や京都にも出土し始める事実を東伝と表現された。布目氏の結論は言うまでもなかろう。倭人伝の絹の記事に対応できるのは、北部九州であり、ヤマタイ国もその中に求めるべきだということである。この事実は論破しにくいので、つい知らぬ顔になるのだろう」。

布目順郎氏は次のように述べている。「これらを通観すると、弥生後期の絹製品を出した遺跡もしくは古墳は、すべて北部九州にある。従って、弥生後期に比定される邪馬台国の所在地としては、絹を出した遺跡の現時点での分布からみる限り、北部九州にあった公算が大きいといえる」

さらに、次のように続く。「我が国に伝播した絹文化は、初めの数百年間、北部九州の地で醸成された後、古墳時代前期には本州の近畿地方と日本海沿岸地方にも出現するが、それらは北部九州から伝播したものと考えられる」

そして、次のように結論づけている。「ここで考えられるのは、邪馬台国の東遷のことである。私は、邪馬台国の東遷はあったと思っている」（⑥布目　１９９９　p１１０～１１１）。

絹の出土状況からみても邪馬台国が北部九州に所在したことが裏付けられている。

終　章　倭国の成立過程

第3章までの私の分析を踏まえ、最後に倭国の成立過程を考察していきたい。私の仮説では、これは二世紀から三世紀にかけて約二〇〇年の間の物語である。

1　連合王国の成立

（1）初期連合王国

紀元一世紀頃、九州北部の玄界灘沿岸や有明海沿岸の平野部には無数の都市国家が点在していた。この都市国家群は互いに争いながらも成長していった。その中でも最大の国は福岡平野にあった「奴国」であり、中国（後漢）に使節を派遣するほどの経済力、技術力を持つに至った。建武中元二（西暦五七）年に後漢の光武帝に拝謁し、印綬を拝領した記述が後漢書にある。その印綬（金印）は福岡県志賀島で発見され、国宝に指定されている（なお私は印綬を拝領した国が伊都国であった可能性を捨てきれないでいる）。

その後、国家群の成長はさらに進む。それは征服によるものばかりでなく同盟もあっただろう。そして、AD一〇〇年頃には連合王国が成立する。支配体制は、最大国の王を盟主としながらも、同盟による緩やかなものであったと思われる。盟主は「伊都国」である可能性が高い。連合王国の版図は現在の福岡県、佐賀県の平野部に展開する都市国家連合と推測する。そして、この連合王国も中国（後漢）に遣使する。永初元（西暦一〇七）年に倭国王の帥升が、後漢の安帝に奴隷一六〇人を献上した記述が後漢書にある。この遣使は倭国が統一されたことの報告の意味合いもあったと推測する。

（2）倭国大乱

前述の連合王国は男王が統治し七〜八〇年続くが、その後内乱（倭国大乱）により崩壊してしまう旨の記述が魏志倭人伝にある。後漢書に内乱は後漢の桓帝、霊帝の時（AD一四六〜AD一八九）であり、魏志倭人伝にはその内乱は数年続いたとある。

私の仮説では、前述したとおり倭国（九州北部の連合王国）の成立は西暦一〇〇年頃であり、内乱の発生は西暦一八〇年頃であり、後述の卑弥呼共立による内乱の収拾は西暦一九〇年頃と推測する。

同時期に中国の後漢帝国でも大規模な農民反乱である黄巾の乱（AD一八四）が発生している。倭国の後ろ盾であった後漢の混乱が、倭国大乱の遠因であったとも推測される。

（3）卑弥呼共立

倭国大乱とは九州北部の都市国家同士、又は、同盟した都市国家連合同士が、数年にかけて争ったものであり、その人的・経済的被害は相当なものであったことが推測される。結局、武力により解決はされず、疲弊した有力都市国家による話し合いにより解決の道を探ろうとする。これが「卑弥呼共立」である。

「卑弥呼共立」とは、政治的権力を持たず、宗教的権威だけを持つ女王を国家元首とし、都市国家群がその傘下に入り、緩やかに統一される統治形態であった。その版図は当然「倭国大乱の範囲」＝「AD一〇〇頃に初めて統一された倭国の範囲」＝「九州北部」である。邪馬台国畿内説をとれば、卑弥呼は近畿地方から九州北部にわたる国家群により卑弥呼が共立されたことになり、二世紀の日本でそのような広域地域間の話し合いが行われたとするのは非現実的である。また、西暦一〇〇年頃に既に近畿地方から九州北部にかけての連合王国が成立していたことになり、それも非現実的である。

また、卑弥呼とは個人名ではなく、「日巫女」＝「太陽に仕える女王」＝「太陽神」＝「天照大御神」の意であり、官職名であったと推測する。また卑弥呼の共立されたときの年齢は、後継者で台与の共立時の年齢が一三歳であったことから、同じ位の年齢であっただろうと推測する。

（4）狗奴国戦争

三世紀の倭国は、福岡県、佐賀県を勢力下に置く「邪馬台国」、熊本県を中心とする「狗奴国」、山陰地方（出雲）を中心とする「投馬国」の三極構造となって対立していた。対立の主な理由は朝鮮半島、中国との貿易に関する覇権、特に鉄の確保であった。この貿易に関する覇権に関しては、当然邪馬台国が地政学的に有利である。この利権を奪取しようと隣接する狗奴国が邪馬台国に宣戦するのである。

狗奴国の軍勢は熊本県北部の菊池平野から北上し筑紫平野に侵入する。この狗奴国との緊張状態は魏志倭人伝にも描かれている。そして、記紀にはアマテラスとスサノオの争いとして描かれている。狗奴国軍は筑紫平野にあった邪馬台国に達し、邪馬台国は講和という名の降伏をし、狗奴国に占領されることとなる。なぜ邪馬台国は簡単に破れてしまったのか？　理由としては狗奴国の戦争準備が整っていたにも関わらず、邪馬台国側は準備をしていなかったと考える。全体の国力としては邪馬台国側の方が上であると思われるが、各都市国家間の協力体制も整わず、玄界灘地域の有力都市国家の援軍が来る前に勝敗が決してしまったのかもしれない。まさに太平洋戦争の緒戦で日本軍が東南アジアのほぼ全域を占領したかの如くである。

邪馬台国の位置の断定はできないが、「吉野ヶ里遺跡」も有力な候補の一つと考える。事実、吉野ヶ里遺跡は弥生時代後期後半に最盛期を迎え（⑥⑩七田　２０１７　p51〜54）、最終末期（三世紀後半）に急速に衰退する（⑥⑩七田　２０１７　p86）。これは狗奴国との戦争による荒廃から復興できなかったとも推測できる。これにより現在の佐賀県の有明海沿岸、つまり、筑紫平野は狗奴国の勢力下となる。占領軍である狗奴国軍は邪馬台国内において破壊・略奪行為を行う。その状況はスサノオの高天原での乱暴行為として記紀に描かれている。そんな中、魏志倭人伝に描かれているとおり女王卑弥呼は死去する。記紀には「アマテラスの天岩戸隠れ」として描かれる。死亡時の推定年齢は七〇歳前後である。死亡理由は、自然死・自殺・狗奴国軍による処刑、自軍による処刑などが考えられるが、天岩戸隠れがアマテラスの意思で行われたと描かれていることから、私は自殺説をとりたい。

卑弥呼の遺体は当然それなりの墳墓に埋葬されなくてはならないが、狗奴国軍の占領地域では困難であり、狗奴国軍の非占領地域である脊振山地以北の玄界灘沿岸地方に埋葬されることとなる。「タタリ」を恐れる国民性から、狗奴国軍もこれまでは邪魔しなかっただろう。この墳墓が、伊都国、現在の糸島市（旧前原市）にある平原遺跡の一号墓である。副葬品から女性の墳墓と推定され、推定年代も卑弥呼の時代と一致しており、副葬されていた国内最大の内行花文鏡は、伊勢神宮に納められた八咫鏡の記述と極めて近く、「卑弥呼＝天照大御神」の仮説とも矛盾しない。前述したとおり、伊都国は倭国の旧王都であり、邪馬台国時代にも王が存在し、女王国の政治都市であったと考えられ、特別な存在であった。狗奴国による邪馬台国占領後は、伊都国が臨時首都になったとしてもおかしくないだろう。卑弥呼は伊都国出身であると唱える研究者もいるが、その可能性もあるだろう。伊都国に都をおいた旧統一倭国は倭国大乱により崩壊した。その後、卑弥呼共立により再統一後、都は邪馬台国となったが、共立した卑弥呼は伊都国の王族であったとも考えられる。伊都国は女王国に服属しながらも、外交、軍事の中心地であったという説は第1章で述べたとおりである。

魏志倭人伝にはその後、男王を擁立するものの、各都市国家は服属せず内乱状態になったとある。臨時首都となった伊都国の王が卑弥呼にとって代わろうとしたが、それでは治まらなかったと私は考える。邪馬台国連合はまさに存亡の危機に立たされるのである。そこで、奴国、伊都国、末盧国等の有力都市国家の首長による、対策会議が開催される。これを記紀では、「八百万の神々が天の安河で会合した」として描かれている。ここで都市国家間の協力体制を整え、魏志倭人伝にあるとおり卑弥呼の後継である「台与」を共立し、邪馬台国連合の崩壊を食い止めたのである。記紀には天の岩戸からアマテラスが復活すると描かれているから、この共立の儀式は伊都国の平原遺跡で行われたのかもしれない。

また、魏志倭人伝に描かれているように、「魏」からの支持も取り付け、援軍こそないものの、「証書」と「黄幢」を下賜される。こうして狗奴国追討軍が編成され、有明海沿岸地方に侵入し反撃を開始した。今回は邪馬台国軍も準備が整っており、国力も優っていることから、戦局は有利に進んだ。

魏から支持を取り付けていると流布し、その証拠である黄幢を掲げて進軍すれば、一旦狗奴国に服属した都市国家たちも、狗奴国に反旗をひるがえすこととなったであろう。まさしく明治維新時の戊辰戦争の緒戦である「鳥羽・伏見の戦い」で幕府軍に対し劣勢であった新政府軍が、「錦の御旗」を掲げて進軍した途端、形勢が逆転した如くである。

最終的には、邪馬台国は狗奴国を滅ぼしてしまう。記紀にはスサノオに対する処分及び追放と描かれている。これで邪馬台国は現在の福岡県、佐賀県に加え、熊本県も勢力下に置き、後顧の憂いがなくなったのである。

2　出雲侵略

(1) 晋への遣使

魏志倭人伝の記述は、「台与の即位後、魏使の張政を帯方郡まで送り届け、その後魏の都まで出向き、貢物を献上した」という記述で終わっている。台与の遣使がいつであったかの記載はないが、晋書に登場する西暦二六六年が有力である。

西暦二六五年、魏の五代皇帝曹奐は臣下である司馬炎に禅譲し魏は滅亡する。そして、禅譲を受けた司馬炎は晋を建て武帝として即位する。晋書のよると、その翌年である泰始二（ＡＤ二六六）年に、倭人が朝貢したとある。これは、新王朝とも魏の時と同じく友好関係を保ち、後ろ盾になってもらうために、取り急ぎの遣使であった。

しかし、この二六六年の朝貢後、約一五〇年の長き間倭国は中国の正史から姿を消す。いわゆる「謎の四世紀」である。

理由としては、第一に倭国の国土統一が本格化し遣使の余裕もなく、また倭国内で邪馬台国の力は強大であり、中国王朝の後ろ盾も必要となくなったことである。これは当該一五〇年間前半の主な理由である。

第二の理由としては、中国北部の混乱である。晋（西晋）は三一六年に滅亡し、三一八年に晋の残党は江南に東晋として王朝を再興する。

しかし、中国南部の東晋までは距離的に遣使は簡単でなく、中国北部は政権が安定していなかったのである。これは当該一五〇年間の後半の主な理由である。

（2）出雲への服属要求

狗奴国を滅ぼし、新しい王朝である「晋」への遣使を無事に終えた邪馬台国は、半島経由の交易に関し、もう一つの対抗勢力である出雲の「投馬国」を勢力下に置こうと画策する。前の狗奴国との間では戦争に発展し、邪馬台国は大きな被害を受けた。その反省を踏まえ、今回はまず外交交渉から始まる。年代的には紀元二七〇年代と推測する。

古事記には、天岩戸対策のときと同じく「天の安河の多くの神々を召集して話し合った」とある。召集を命じたのは「タカミムスヒノ神」と「天照大御神」である。天照大御神は台与であり、タカミムスヒノ神は実権を握っている宰相級の人物であろう。そして神々は、有力都市国家の首長である。そして、出雲の投馬国への全権大使を「アメノホヒノ神」に決定し派遣する。しかし、アメノホヒノ神は出雲の投馬国王である「大国主命」に懐柔されてしまう。投馬国の高官のポストでも与えられたのかもしれない。

アメノホヒノ神から何の復命もないため、邪馬台国は次に「アマツクニタマノ神の子アメノワカヒコ」を派遣する。しかし、このアメノワカヒコも懐柔されてしまい、驚くべきことに大国主命の娘、つまり王女と結婚し、次期投馬国王を狙うに至る。

再び全権大使が音信不通となる中、邪馬台国は状況把握に迫られ「鳴女《なきめ》」というスパイ組織に偵察させる。この行動は投馬国に知られ、鳴女のエージェントの多くが殺されてしまうが、生き残った者によりアメノワカヒコの寝返りが邪馬台国に知らされる。その結果、アメノワカヒコは鳴女により暗殺されることとなる。

以上は古事記の記述に関する私の解釈である（⑮次田　1977　p150～152）。

（3）出雲侵攻

交渉による投馬国の服属に失敗した邪馬台国はついに軍事侵攻を決断する。以下も古事記の記述に関する解釈である。

邪馬台国は軍団の総司令官に「タケミカヅチノ神」を任命する。軍勢は九州北部から山陰の出雲へ船により移動するため、それに使用する船団の司令官に「天鳥船神《あめのとりふねのかみ》」を任命する。出雲侵攻軍は出雲の伊耶佐《いざさ》の小浜（稲佐の浜）に上陸し、大国主命（国王）の王子が指揮する軍勢と交戦を開始する。兄の「ヤヘコトシロヌシノ神」は戦闘もしないまま降伏し、弟の「タケミナカタノ神」は抵抗するがやはり降伏する。そして、国王の大国主命も降伏する。荒神谷遺跡の三五八本の銅剣や加茂岩倉遺跡の三九個の銅鐸等は、この時に投馬国により隠されたものであろう。

戦後処理としては、国王は自殺、又は、処刑となり、祟りを防ぐため出雲大社を設立しそこに祭られる。戦闘もなく降伏した兄のヤヘコトシロヌシノ神は許され、邪馬台国の支配下となった出雲の統治の一翼を担うことになる。旧国王の一族を取り込むことで、出雲の土着勢力を支配下に置きやすくなると考えたのである。交戦した弟のタケミナカタノ神は逃亡又は、追放となる。

これにより弥生終末期の三大勢力であった邪馬台国、狗奴国、投馬国は邪馬台国により統一され、邪馬台国は九州北部から山陰西部まで版図に収め、半島経由の貿易をほぼ独占し、列島内に対等に対抗できる勢力はなくなるのである。

3　男王即位

古事記の記述で「大国主命の国譲り」に続くのが「天孫降臨」である。これは明らかに男王の即位を指しており、シャーマンである女王の時代の終わりを表している。では、天孫降臨の舞台はどこであろうか。私は伊都国であると考える（現在の福岡県糸島市（旧前原市）である）。根拠は次の私の仮説三点にある。

第一に、伊都国は卑弥呼及び台与の出身地であり、彼女らは伊都国王の一族であるという仮説である。平原遺跡の一号墳が魏志倭人伝に登場する卑弥呼の墳墓であり、記紀に登場する天の岩戸である。そして、台与の即位の儀式が行われた場所でもある。卑弥呼の死後、つまり魏志倭人伝の最終盤で女王国の首都機能は、邪馬台国から伊都国に移動した。そして、伊都国は魏の使節が駐留する場所であったので、彼らは卑弥呼の墳丘墓の築造を目撃できたのである。そして出雲征服後、伊都国の男王が倭国の王として即位するのである。

第二に古事記にある「筑紫の日向の高千穂のくじふるたけに天降りましき」の解釈である。一般的な解釈は「九州の日向《ひゅうが》（国）の高千穂にあるクジフル岳に天降った」である。つまり、今の宮崎県が舞台となる。しかし、私の解釈は「筑紫国の日向《ひなた》にある高く積み上げた稲穂のように高く神聖なクジフル岳に天降った」である。そして、この「日向」という地名は今も伊都国（糸島市（旧前原市））に残っている。ちなみに「クジフル岳」が実在の山とすれば、糸島市東方にそびえる「高祖山」に比定できるであろう【写真⑫】。

第三には、やはり古事記にある「此地は韓国に向ひ、笠沙の御前に真来通りて……」である。一般的な解釈は「降臨したこの地は、韓国に相対しており、鹿児島県南さつま市（旧笠沙町）にある野間

写真⑫　高祖山（福岡県糸島市）

岬まで真っすぐ通じており……」である。これは前記した従来の一般的な解釈である「宮崎県」と仮定すると明らかに矛盾する。宮崎県は韓国に相対してはいないし、野間岬にも通じていない。私の解釈は「降臨したこの地は、韓国に相対しており、島根県出雲市の稲佐の浜近くの日御碕まで真っすぐ通じており……」である。伊都国であれば、玄界灘に面しているので韓国に相対している。そして出雲の稲佐の浜に軍勢を上陸させているのであるから、海路を通じて真っすぐ通じているとも言える。

そして私は、男王即位（天孫降臨）の時期を西暦二八〇年代と推測する。

4　神武東征

（1）東征開始

伊都国（福岡県糸島市）に都を置き、九州北部から山陰西部まで版図に収めた邪馬台国連合は、本格的な侵略戦争を開始する。最初は九州島内の更なる東方への侵略である。古事記によれば東征のスタートは「日向」から「筑紫」への進軍となっているが、これは前述したとおり、記紀の編者が「筑紫にある日向《ひむか》」を、現在の宮崎県に相当する「日向国《ひゅうが》」と勘違いしたことによる。よって、古事記の基となった稗田阿礼の語った伝承は「筑紫の日向を出発した」となっていたと推測する。

最初の征服目的地は豊国の宇沙（現在の大分県宇佐市）である。古事記の記述をみる限りでは、宇沙国は殆ど抵抗もなく降伏し、邪馬台国の軍勢を迎え入れているようにも読める。邪馬台国の軍事力はそれほど圧倒的に強大で、その情報は事前に宇沙国にも届いていて、事前に降伏が決定されていたのかもしれない。九州島内の東征は、宇沙国東方にそびえる国東半島の山岳地帯に阻まれここで終了する。なお宇佐市には、弥生時代末期～古墳時代初期の環濠集落である小部遺跡があり、大型建物の存在が推定されている（㊼梓書院　２０１８　ｐ１２２）。

東征軍は、その後「筑紫の岡田宮」まで撤退する。岡田宮は伝承では遠賀川河口の崗水門《おかのみなと》（福岡県遠賀郡芦屋町）である。ここで、本州の山陽道に向かう本格的な東征軍を編成するのである。そして、カムヤマトイワレビコノ命（後の神武天皇）とその兄であるイツセノ命に率いられた東征軍は、関門海峡を渡り山陽道を海岸沿いに進むのである。なお兄弟について、古事記では王国を共同で統治していた国王として描かれているが、国王自ら国を空けて遠征軍を率いるとは考えにくいので、王族である将軍と考えられる。最初の征服地は安芸国（広島県）、その次は吉備国（岡山県）である。古事記ではこの二国に関して戦闘の記録はない。宇沙国のようにほとんど抵抗なく降伏したのか、又はすでに邪馬台国の植民地でありその勢力下にあったのかもしれない。

（2）国つ神の臣従

古事記では東征軍はさらに山陽道の海岸線を東進して、速吸門《はやすいのと》（明石海峡）で亀の甲に乗り釣りをしている国つ神に会うこととなる。ここで東征軍はこの国つ神に、海路について尋ねるのである。つまり、東征軍は明石海峡まで海路を知っているが、それ以東については海路を知らないこととなる。前述したように、安芸国や吉備国は邪馬台国の植民地であり、明石海峡以西は邪馬台国の勢力下にあったのかもしれない。逆に言えば明石海峡以東は未知の敵地である。そこで東征軍はこの国つ神をサヲネツヒコと命名し傘下に収め、案内役としたのである。具体的には明石海峡付近に勢力があった海人の勢力を味方に引き入れたのだろう。この先東征軍は戦闘ばかりでなく、このような懐柔策も使うこととなる。

（3）楯津の戦い

遠征軍は明石海峡を通過し、大阪湾を航行し、大阪湾奥の白肩津（楯津）に上陸する。ここで敵将である登美のナガスネビコ（トミビコ）の率いる軍勢と戦闘状態となる。古事記では東征が始まって初の戦闘の記述となる。ここで東征軍はイツセノ命が重傷を負うなど大敗を喫し、紀伊半島西岸を南に退却し、途中イツセノ命は死亡する。

古事記には「日に向かって戦うのがよくなかった。次は日を背にして戦おう」とイツセノ命が言ったと記載され、よって東征軍を迂回させ西からではなく南からの攻撃に変えたとある。事実は、ナガスネビコ軍が意外と強く、正面衝突では勝利がおぼつかなかったので、軍を迂回させ背後から敵に奇襲をかけようとしたのであろう。このような戦術は珍しくなく、歴史上いくつも語られている。紀元前三世紀に北アフリカのカルタゴ（現在のチュニジア付近）の将軍ハンニバルは、ローマ（イタリア）に攻め込む際（第二次ポエニ戦争）、現在のスペインに上陸し、ピレネー山脈を越えフランスを経由し、更にアルプス山脈を越えてイタリア半島に侵入し、ローマの度肝を抜いた。まさに遠大な迂回戦術である。日本でも中世の源平の争いで、一ノ谷の戦いにおいて源義経が行ったと伝えられる奇襲戦術「鵯《ひよどり》越《ごえ》の逆落とし」もその例であろう。平家軍が布陣した海岸の陣地の背後にそびえる崖の上から騎馬による攻撃をしたと伝えられている。

（4）神武天皇の即位

紀伊半島西岸を南に迂回した東征軍は、半島南端の潮岬を超え熊野村（現在の三重県新宮市付近）に上陸する。古事記の記述をみる限りでは、そこから在地の豪族等を傘下に収めながら北に陸路で進軍しているように読める。まず、熊野では「タカグラジ」が太刀を献上して、東征軍を危機から救うことになる。そして八咫烏《やたがらす》に先導させ北進する。八咫烏とはタカグラジ配下の案内役であろう。

次に出会うのは、阿陀の鵜飼部の祖先とされる「ニヘモツノコ」という国つ神（豪族）である。阿陀とは、現在の奈良県五條市付近とされる。古事記では、三重県の海岸付近から奈良県の中南部までの進軍の行程の記述はない。地図で見る限りでは、現在の奈良県十津川村付近を進んだものと思われるが、その間は案内役である八咫烏の先導のもと、特筆すべきことはなかったのであろう。その後、現在の奈良県川上村付近で吉野首《おびと》の祖先である「ヰヒカ」という国つ神を、現在の奈良県吉野町付近で吉野の国栖《くず》の祖先である「イハオシワクノコ」という国つ神を傘下に組み入れ、現在の宇陀市に至る。

宇陀で東征軍の迂回作戦後初めての戦闘が行われる。それだけ敵の本拠地に近づいたため、土豪が安易に傘下には加わらなかったのであろう。宇陀には「エウカシ」と「オトウカシ」という土豪がいたが、エウカシが東征軍をだまし討ちにしようとした計画をオトウカシが東征軍に帰順して密告したため、東征軍はエウカシを打つことに成功する。その後、東征軍は忍坂《おさか》（奈良県桜井市付近）で土雲と呼ばれる土豪たちをだまし討ちで破り、ついに敵の将軍ナガスネビコ（トミビコ）と直接対決に至る。

ナガスネビコは将軍であるとともに、妹が国王「ニギハヤヒ命」の妃であり、宰相ともいえる地位である。しかし、前回の戦いのときとは戦況は大きく変わっていた。ニギハヤヒの王国は東征軍が迂回して進軍したことにより、周辺の傘下にあった土豪がほぼ東征軍に帰順したか滅ぼされた状況になり孤立状態となっていた。そこで、降伏を主張する国王ニギハヤヒ命と徹底抗戦を主張する宰相ナガスネビコが対立し、ニギハヤヒ命はナガスネビコを殺害し、その後東征軍に降伏する。東征軍はニギハヤヒ命の帰順を認め傘下に組み入れ、その子であるウマシマヂ命は政権の重臣である物部氏の祖先となるのである。畿内の土豪を抑えるには、ニギハヤヒ命一族を滅ぼすよりも傘下に入れた方が統治しやすかったのであろう。そして東征軍の司令官であるカムヤマトイワレビコ命は、初代天皇である神武天皇として即位するのである。この時期を西暦三〇〇年前後と推定する。

なおニギハヤヒ命一族は、ルーツが出雲にある豪族である。そして祭祀には銅鐸を用いていた。東征軍はニギハヤヒ命を許したが、従来の銅鐸祭祀は許さなかった。そして祭祀に使用されていた銅鐸はすべて埋納され、人々の記憶から消えていくのである。破壊された銅鐸があまりないのは、祟りを恐れたのかもしれない。

おわりに

私は高校時代には「地歴部」というクラブに所属し、大学時代は「歴史学研究会」というサークルに所属し、長い間「考古学」に関わってきた。当時の友人の中には、その後研究者の道を歩んだ者もいるが、私は大学での専門が考古学ではなく、卒業後はサラリーマンの道を歩むこととなった。

その後も趣味の範囲内で歴史に関する著作を読む機会が多く、特に邪馬台国論争に関する著作は興味深く、吉野ヶ里遺跡に関するニュースもリアルタイムで記憶に残っている。当時の私は、どちらかと言えば「邪馬台国九州論者」ではあったが、畿内論者の著作を読めばなるほどと思ってしまう状況であった。

そんな状況を一変させたのが、忘れもしない2010年6月に自宅に帰る新幹線待ちのため東京駅にいた時であった。待ち時間がかなりあったので、東京駅近くの書店に行き、歴史コーナーで1冊の本を手にした。それが安本美典著「邪馬台国畿内説徹底批判」（勉誠出版　2008）であった。目次をみて本文を拾い読みした後、すぐに購入を決定し、帰りの新幹線で読んだ記憶がある。この本の内容と当時の私の日本古代史に関係する知識が結びつき、今回の私の著作の大枠ができたといってよい。

大枠といっても、ぼんやりとした仮説にすぎないものであったため、私はそのぼんやりとした仮説を明確にし、それを裏打ちできる学説を探した。その後出会ったのが、安本氏が主宰する雑誌の「季刊邪馬台国」（梓書院）などの後述する引用・参考文献である。当初は著作として出版するなどということを考えてもいなかったが、研究結果の取りまとめをする段階になり、私の仮説に対する他の研究者の意見を聞きたくなり出版を決意するに至った。

サブタイトルである「魏志倭人伝・記紀・考古学で読み解く倭国の成立過程」が拙著のテーマである。しかし、これでは長すぎると思い、「邪馬台国の定理」という大層なタイトルを付けてしまった。定理とは数学用語であり、「証明された命題」である。文字通りに読めば「邪馬台国に関する命題を証明した」こととなる。しかし、証明できない命題も多々あるのが事実である。例えば次の三点である。

① 邪馬台国の都の位置はどこか？

本文中で吉野ヶ里遺跡の可能性を述べたが、あくまでも候補地の一つに過ぎない。

② 後漢の光武帝から金印を下賜された「漢委奴国王」は、「漢の倭の奴国王」か。それとも「漢の伊都国王」か？

③ 帯方郡使は、邪馬台国まで行ったのか、それとも伊都国までしか行かなかったのか？

私は今回のこの著作を決して完璧なものと思っていない。倭国の成立過程の「定説」を作り上げるには、更なる多くの新発見と研究者の努力が必要となるであろう。宮内庁管轄の天皇陵等といわれる古墳の発掘調査は今まで許可されてこなかったが、２０１８年に保存のためという理由で、大阪府にある通称「仁徳天皇陵」の一部発掘調査が行われた。

今後、宮内庁管轄古墳の発掘調査が進めば、更なる新発見があるかもしれない。今後の新発見とそれに伴う新説を私は期待している。

引用・参考文献

①『倭国伝　中国正史に描かれた日本』藤堂　明保・竹田　晃・影山　輝國・著　講談社学術文庫　２０１０
②『邪馬台国　中国人はこう読む』謝銘仁・著　徳間文庫　１９９０
③『理系の視点からみた「考古学」の論争点』新井　宏・著　大和書房　２００７
④『魏志倭人伝の航海術と邪馬台国』遠澤　葆・著　成山堂書店　２００３
⑤『卑弥呼は前方後円墳に葬られたか　邪馬台国の数理』小澤　一雅・著　雄山閣　２００９
⑥『絹の東伝　衣料の源流と変遷』布目　順郎・著　小学館　１９９９
⑦「中国正史　倭人・倭国伝全釈」鳥越　憲三郎・著　中央公論新社　２００４
⑧『新訂　魏志倭人伝・後漢書倭伝・宋書倭国伝・隋書倭国伝　中国正史日本伝（１）』石原　道博・編訳　岩波文庫　１９８５
⑨『倭人伝を読みなおす』森　浩一・著　ちくま新書　２０１０
⑩『日本古代新史』古田　武彦・著　新泉社　１９９１
⑪『鉄道未成線を歩く』森口　誠之・著　ＪＴＢキャンブックス　２００２
⑫『邪馬台国はここだ――吉野ヶ里はヒミコの居城――』奥野　正男・著　梓書院　２０１０
⑬『「邪馬台国畿内説」徹底批判』安本　美典・著　勉誠出版　２００８
⑭『「邪馬台国＝畿内説」「箸墓＝卑弥呼の墓説」の虚妄を突く！』安本　美典・著　宝島社新書　２００９
⑮『古事記（上）全注釈』次田　真幸・著　講談社学術文庫　１９７７
⑯『山渓カラー名鑑　日本の樹木』林　弥栄・編　山と渓谷社　１９８５

⑰『大辞林　第三版』松村　明・編　三省堂　２００６
⑱『日本書紀（上）全現代語訳』宇治谷　孟・著　講談社学術文庫　１９８８
⑲『三角縁神獣鏡』王仲殊・著　学生社　１９９８
⑳『逆説の日本史　１　古代黎明編』井沢　元彦・著　小学館文庫　１９９８
㉑『盗まれた神話　記・紀の秘密』古田　武彦・著　朝日文庫　１９９３
㉒『古事記が明かす邪馬台国の謎』加藤　真司・著　学研　１９９４
㉓『「超」入門　失敗の本質』鈴木　博毅・著　ダイヤモンド社　２０１２
㉔『文明誕生　世界歴史シリーズ１』鈴木　勤・編　世界文化社　１９７３
㉕『研究最前線　邪馬台国』石野　博信 他・編　朝日新聞出版　２０１１
㉖『季刊　邪馬台国　１２１号』安本　美典・編　梓書院　２０１４
㉗『失われた日本「古代史」以来の封印を解く』古田　武彦・著　ミネルヴァ書房　２０１３
㉘『海峡を越えた神々』川村　湊・著　河出書房新社　２０１３
㉙『古事記（中）全注釈』次田　真幸・著　講談社学術文庫　１９８０
㉚『口語訳　古事記〔完全版〕』三浦　佑之・訳注釈　文藝春秋　２００２
㉛『角川日本地名大辞典：33：岡山県』「角川日本地名大辞典」編集委員会・編　角川書店　１９８９
㉜『瀬戸内海事典』北川　建次（瀬戸内海事典編集委員）他・編　南々社　２００７
㉝『ニギハヤヒ「先代旧事本紀」から探る物部氏の祖神』戸矢　学・著　河出書房新社　２０１１
㉞『対論　銅鐸』森　浩一・石野　博信・著　学生社　１９９４
㉟『続日本紀（上）』宇治谷　孟・著　講談社学術文庫　１９９２

㊱『日本最古の神政国家　出雲王国の正体』武光　誠・著　PHP研究所　2013
㊲『銅鐸民族の謎　争乱の弥生時代を読む』臼田　篤伸・著　彩流社　2004
㊳『シンポジウム　三角縁神獣鏡』福永　伸哉・他・編　学生社　2003
㊴『季刊　邪馬台国　第125号』安本　美典・編　梓書院　2015
㊵『季刊　邪馬台国　第124号』安本　美典・編　梓書院　2015
㊶『季刊　邪馬台国　第117号』安本　美典・編　梓書院　2013
㊷『奈良の古代文化①　纒向遺跡と桜井茶臼山古墳』奈良の古代文化研究会・編　青垣出版　2010
㊸『大和の前期古墳　ホケノ山古墳　調査概報』奈良県立橿原考古学研究所・編　学生社　2001
㊹『季刊　邪馬台国　第102号』安本　美典　編　梓書院　2009
㊺『季刊　邪馬台国　第128号』梓書院　2016
㊻『もう一度学びたい古事記と日本書紀』多田　元　監修　西東社　2006
㊼『別冊宝島2351　日本の古代遺跡』遠山　美都男　宝島社　2015
㊽『季刊　邪馬台国　第115号』安本　美典・編　梓書院　2012
㊾『季刊　邪馬台国　第129号』梓書院　2016
㊿『かくも明快な魏志倭人伝』木佐　敬久・著　冨山房インターナショナル　2016
(51)『季刊　邪馬台国　第130号』梓書院　2016
(52)『別冊宝島　古代史　15の新説』安本　美典　他・編　宝島社　2016
(53)『季刊　邪馬台国　第131号』梓書院　2016
(54)『卑弥呼の墓はすでに発掘されている!!　福岡県平原王墓に注目せよ』安本　美典・著　勉誠出版　2017

㊺『出雲国風土記　全注釈』荻原　千鶴・著　講談社学術文庫　１９９９
㊻『古代日本の実像をひもとく　出雲の謎大全』瀧音　能之・著　青春出版社　２０１８
㊼『邪馬台国と出雲神話』安本　美典・著　勉誠出版　２００４
㊽『決定版　邪馬台国の全解決　中国「正史」がすべてを解いていた』孫栄健・著　言視舎　２０１８
㊾『人口から読む日本の歴史』鬼頭　宏・著　講談社学術文庫　２０００
㊿『シリーズ「遺跡を学ぶ」　邪馬台国時代のクニの都　吉野ヶ里遺跡』七田　忠昭・著　新泉社　２０１７
61『クラウン中日辞典』松岡　榮志・樋口　靖・白井　啓介・代田　智明・編著　三省堂　２００１
62『翰苑』竹内　理三・校訂・解説　吉川弘文館　１９７７
63『対馬国志　第1巻　原始・古代編』永留　久恵・著　「対馬国志」刊行委員会　２００９
64『古代日本と対馬』永留　久恵・著　大和書房　１９８５
65『王の鏡　～平原王墓とその時代～』糸島市立伊都国歴史博物館　２０１６
66『狗奴国浪漫　～熊本・阿蘇の弥生文化～』糸島市立伊都国歴史博物館　２０１４
67『季刊　邪馬台国　第１３４号』梓書院　２０１８

【著者紹介】

大場　淳一（おおば　じゅんいち）

1960 年、山形県生まれ。山形大学人文学部卒。

高校・大学では、考古学のサークルに在籍し、遺跡の発掘調査にも関わる。

「邪馬台国《やまたいこく》の定理《ていり》～魏志倭人伝《ぎしわじんでん》・記紀《きき》・考古学《こうこがく》で読《よ》み解《と》く倭国《わこく》の成立過程《せいりつかてい》～」

2019 年 4 月 1 日発行

著　者　大 場 淳 一

発行者　田 村 志 朗

発行所　㈱ 梓 書 院

〒 812-0044 福岡市博多区千代 3-2-1

tel 092-643-7075　fax 092-643-7095

印刷・製本　亜細亜印刷㈱

ISBN978-4-87035-644-3　